RECOMENDACIONES

Shawn Bolz es una de las personas r[illegible] es" que conozco y su nuevo libro refleja [illegible] ndo leas este libro, anhelarás más de Jesús [illegible]

—CHE AHN
Pastor superior de la iglesia de Harvest Rock en Pasadena, California

Dios le ha dado a Shawn Bolz el entendimiento, la revelación y la diligencia sobre las finanzas del Reino. Lo que hace que este sea un libro único y urgente para el cuerpo de Cristo de hoy. Realmente necesitamos comprender y emplear estos principios para que Jesús reciba la plenitud de su herencia. Este libro es una invitación divina para aquellos que están listos y dispuestos a pagar el precio, y para aquellos que están esperando unirse a Él durante los tiempos difíciles por venir.

—JILL AUSTIN
Presidente y fundadora de Master Potter Ministries

¡Encuentros impresionantes! ¡Una comprensión impresionante! ¡Una enseñanza impresionante y reveladora! Este no es solo otro buen libro; sino que contiene parte del plan del cielo para la provisión abundante de los propósitos del fin del mundo de Dios. Lee, cree, prepárate y recibe. Dentro de estas páginas te espera una cita con el destino, pensada para ti.

—JAMES W. GOLL
Fundador de Encounters Network • Prayer Storm • Autor más vendido de GETeSchool International

Esta visión nos revela magníficamente cómo comprender el corazón y el proceder de Dios con respecto a la economía del Reino. En *Las llaves de la economía del cielo*, Shawn Bolz nos guía con devoción a una revelación profética, profunda y divina. Si el lector recibe su visión y enseñanza con fe, quedará, sin duda alguna, impactado, y será bendecido al igual que yo.

—PATRICIA KING
Fundadora de Extreme Prophetic

En *Las llaves de la economía del cielo*, Shawn Bolz nos revela el deseo del Señor de bendecirnos y de brindarnos la manifestación plena de sus recursos. Hemos ingresado a la siguiente fase de la guerra sobrenatural por la transferencia de las riquezas. Shawn nos ofrece un entendimiento de esta dimensión del canje en el Reino.

—DR. CHUCK D. PIERCE
Presidente de Glory of Zion International Ministries, Inc.
Vicepresidente de Global Harvest Ministries

Shawn Bolz es una voz innovadora en el ámbito de las artes y los medios de comunicación. Como amigos, hemos hablado detalladamente sobre algunos de los proyectos increíbles en los que ha participado y sobre las ideas creativas que tiene para las artes y el entretenimiento. Su publicación más reciente, *Las llaves de la economía del cielo*, es impresionante y contiene un mensaje poderosísimo sobre cómo ser un administrador de los recursos de Dios. Sus historias personales y sus relatos sobre sus interacciones con Dios a nivel sobrenatural me han impactado profundamente. Si puedes capturar la visión de este libro y utilizar sus mensajes en tu vida, cambiarás para siempre.

—DAVE YARNES
Vicepresidente de MorningStar Ministries en Fort Mill, Carolina del Sur.

Este libro hará que tu corazón se estremezca al renovar tu conocimiento sobre lo sagrado que ha sido todo lo que Dios te ha encomendado. Una revelación de Shawn Bolz particularmente fascinante es la de la estrategia de Dios para manifestar sus dones ministeriales quintuplicados en todos los niveles de los sectores empresariales y profesionales.

—BOB SORGE
Autor y docente, www.oasishouse.net

Anoche, me quedé despierto hasta tarde en la compañía de un empresario que tiene un negocio de 100 millones de dólares. Tenía un plan para una empresa nueva, cuyo crecimiento podía quintuplicarse, pero en el último año lo único que había encontrado eran demoras y obstáculos. Él estaba deseoso de contarme cómo se dieron una serie de reuniones claves con socios claves. Ahora está empollando una empresa de 400 millones de dólares ¡a punto de salir del cascarón! Dios le dijo a este hombre y a su esposa que su empresa formaría parte del "financiamiento para el movimiento de Dios en el fin de los tiempos". Creo que existen varias personas como estas. Personas que necesitan el mensaje de Shawn Bolz.

¿"Eventos claves"? ¿"Reuniones claves"? ¿"Personas claves"? Esta la revelación de Shawn Bolz sobre el "Ministro de las Finanzas" de los cielos. ¡Esta es la revelación clave! Shawn escribe en su libro: "...el Ministro de las Finanzas extendió sus brazos hacia adelante, colocó el llavero sobre mi pecho y lo presionó. Cuando lo hizo, me quedé anonadado, porque el llavero me atravesó la piel como si fuera líquido y me penetró... Cuando levantó sus manos, pude ver el contorno de las llaves bajo mi piel. A continuación, las hundió hasta el fondo de mi espíritu".

LEE ESTE LIBRO y pídele a Dios que hunda hasta el fondo de tu espíritu las llaves que necesitas para abrir el paso de las ideas, recursos, citas, palabras, unciones y dones necesarios para llevar tu visión del reino de lo invisible a la realidad manifiesta y evidente de ¡una obra acabada!

—LANCE WALLNAU
Fundador de Lance Learning Group,
www.lancewallnau.com

Esta revelación, dada a Shawn Bolz en una visita, junto con la unción de Dios, liberará fe y esperanza en los individuos al leerla. Me sentí vivo y como si los cielos se abrieran para proveerme. Mi entendimiento se volvió una expectativa. Le agradezco a Dios por los seres como Shawn que se han entregado a sí mismos al Señor de esta forma, con la intención de recibir un entendimiento espiritual profundo para el cuerpo de Cristo.

—JOANN MCFATTER
Fundador de Inside-Eternity, www.joannmcfatter.com

La primera vez que leí *Las llaves de la economía del cielo* fue un par de años después de su primera publicación, hace siete u ocho años. Fue probablemente el primer libro que leí de este género que trataba sobre ángeles financieros y economía celestial. El libró me impactó de inmediato y me animó inmensamente. A inicios de 2008, el Espíritu Santo me pidió que llevara a cabo reuniones y organizara cumbres anuales sobre la economía del Reino (KEYS, por sus siglas en inglés). Hasta la fecha, tenemos más de 10.000 asistentes a las KEYS, hemos llevado a cabo diez cumbres en siete ciudades de los EE. UU. y de Canadá y tenemos planificadas KEYS en Europa para el año 2016. Desde que leí el libro de Shawn, también yo he tenido mis propios encuentros con ángeles de las finanzas. En varias ocasiones, he vislumbrado un cuarto de operaciones bursátiles, un cuarto de llaves del cielo y una bóveda enorme en el cielo; así como también ángeles de los negocios y de la economía. El libro de Shawn fue pionero y precursor de lo que actualmente sucede en el mercado y de las siete montañas de la cultura de la tierra, y le dio una expresión y una voz a la generación de empresarios y financieros del Reino. Es un clásico, como su autor. Gracias Shawn.

—BRUCE COOK
Fundador y presidente de Kingdom House Publishing, Kingdom Economic Yearly Summit (KEYS)

Mi vida combina muchos llamados y experiencias, incluido trabajar como reclutador ejecutivo de empresas de la Fortune 500, empresas nuevas, NASA y docente adjunto en programas para maestrías en administración de empresas. Pero mi identidad y mi destino giran en torno a quien soy, no a lo que hago. Intereses como esos son secundarios para mi ocupación principal. Soy un devoto en mi iglesia y en mi hogar celestial. Mi devoción se ve impulsada por mi capacidad de experimentar revelaciones mediante la expresión artística creativa. Esto ha abierto las fuentes de mi espíritu y fortificado mi persona en la presencia de Su Majestad.

Leer los libros escritos por aquellos que tienen el Espíritu de la Revelación sobre sus hombros, siempre ha sido fundamental para mi desarrollo personal. Libros como estos son como llaves que abren las puertas al "encuentro" en el Reino de los Cielos. Cuando leí Las llaves de la economía del cielo tuve un viaje dinámico junto al autor, Shawn Bolz, hacia otra dimensión del entendimiento del amor de Dios, Su provisión y el suministro inagotable de los recursos del cielo.

Reforzó mi fe para que creyera más y esperara más. Han aumentado mis revelaciones y cuando estudio la Biblia, puedo ver entendimientos y conexiones nuevas que han animado a mi alma. Mi capacidad de navegar en el reino espiritual se ha acelerado y he llegado a un nivel más profundo de bienestar y contento, que aparentemente lo experimentan muy pocos. Cuando leas las páginas con la experiencia de Shawn, se volverán las tuyas. No dejes de leer este libro.

—J.C. HOLBORN
Holborn & CO
Executive Search and Resources

Las llaves DE LA ECONOMÍA DEL CIELO

UNA VISITA ANGELICAL DEL MINISTRO DE FINANZAS

SHAWN BOLZ

Las Llaves de la Economía del Cielo:
Una Visita Angelical del Ministro de las Finanzas

Hay descuentos especiales disponibles de acuerdo a la cantidad de compra hecha por empresas, asociaciones, y otros. Pedidos de librerías y mayoristas de Estados Unidos - para más información, contactar al autor a través del correo electrónico mencionado anteriormente.

Original Title: *Keys to Heaven's Economy*
Translated by: Daniela Natalia González

Versión en español: *Las laves de la Economía del Cielo*
Traducción por: Daniela Natalia González
Serivicios adicionales: www.TRANSLATIVO.com
Diseño del interior: Renee Evans, www.reneeevansdesign.com

Primera Edición, 2017
ISBN: 978-1-947165-22-9

Editorial: ICreate Productions, PO Box 50219, Studio City, CA 91614, www.bolzministries.com

Para Guy Charles Bolz, mi hermano mayor, cuya vida terrenal, pese a que fue breve, ha influenciado tan profundamente la mía. Te volviste la semilla espiritual plantada en el suelo que le dio vida a nuestra familia entera. Espero con anhelo pasar la eternidad a tu lado.

Este libro también está dedicado a mi amiga, Carolyn Blunk, quien ahora descansa en la eternidad. Sacrificó sus propios proyectos para ayudar a generar los escritos de muchos, incluido este libro, para el cual trabajó como si se basara en su propia experiencia. Cada vida cambiada por este libro se añadirá a su herencia eterna.

HOMENAJE

Originalmente, fue John Paul Jackson quien publicó este libro y es mi deseo rendirle un homenaje por haber creído en mí y en este proyecto. Su fallecimiento es una pérdida terrible para este mundo, pero el cielo recibió a uno de los mejores seres humanos. ¡Te quiero y agradezco tu existencia, John Paul!

Al igual que su autor, *Las llaves de la economía del cielo*, es inspirador, profético y poderoso. Conozco a Shawn desde que tenía quince años. Es un discípulo apasionado de Dios y a lo largo de los años, sus revelaciones sobrenaturales y entendimientos proféticos me han motivado inmensamente. Shawn representa a una nueva raza de adoradores de Dios revolucionarios; a individuos que sacrifican las recompensas terrenales para que puedan compartir con el corazón del cielo. Por eso, Shawn ha puesto la mira en las "cosas del cielo" (Colosenses 3:1) y no en las cosas terrenales.

Shawn nos relata las repetidas visitas y los encuentros sorprendentes con un ángel, llamado el Ministro de las Finanzas del Reino. Las revelaciones son impresionantes y desafiantes. Nos provocan una respuesta que a veces puede resultar incómoda, pero que es necesaria para abrirnos al cambio y así parecernos más a Jesucristo. Prepárate para ser tocado por Dios a través de este libro. En un mundo que funciona con una mentalidad de autobeneficio, Shawn nos presenta el reto de reflexionar sobre cuál es el beneficio para Dios.

Estoy convencido de que la revelación en este libro liberará a muchos y se utilizará para cambiar el destino de millones. Que leer este libro te acerque más a tu camino espiritual y te ayude a encontrar el propósito de Dios para ti en su Reino.

JOHN PAUL JACKSON
Fundador de Streams Ministries International

CONTENIDO

PRÓLOGO

Adoro el libro de Shawn Bolz, Las llaves de la economía del cielo. Me encanta tanto que hace unos años mi esposa y yo compramos cientos de copias y se las entregamos a los donantes de la iglesia en donde somos pastores. Nuestra intención era honrarlos con algo que les ofreciera motivación y promesas, pues sabíamos que habría bendiciones mayores de Dios sobre nuestras finanzas como familia de la iglesia. Y así fue.

El tema del dinero es algo que muchos se niegan a abordar porque causa demasiada controversia. Pero Jesús no tenía problema con abordarlo. De hecho, Él lo hizo con entendimiento y precisión incomparables. Nos habló desde la perspectiva del cielo, que no tiene una cultura de carencia; pero tampoco una cultura de codicia. Jesús abordó estos temas con un propósito divino, para que los pueblos de Dios se liberaran del amor por el dinero sin abandonar la responsabilidad de administrarlo. En otras palabras, el dinero tiene un propósito divino. *Las llaves de la economía del cielo* aborda esta verdad en profundidad.

Este libro no es un libro típico sobre finanzas. No lo digo a modo de crítica de los libros sobre finanzas, puesto que me han gustado todos los que he leído. Pero este es completamente distinto. Es el resultado de un encuentro divino y profundo. Por ese motivo, Shawn pudo proyectar una claridad inusual con respecto al propósito del dinero en la era en que vivimos. Sin lugar a duda, sentirás la esperanza y te inspirará una sensación de fe grandiosa.

Me emociona ver que la publicación de esta edición de décimo aniversario estará disponible, como nunca antes, para todo el cuerpo de Cristo. Me encanta saber que el entendimiento que nos ayudará a alejarnos de la bendición falsificada y a acercarnos a la expresión verdadera de las finanzas del Reino, será impartido. Pero, sobre todo, me motiva especialmente saber que una impartición poderosa se liberará y que podrá ser el punto de inflexión que un sinfín de personas han estado buscando.

Bill Johnson
Iglesia de Bethel, Redding, California

INTRODUCCIÓN

Cuando tienes encuentros sobrenaturales con nuestro Señor Jesus o con seres celestiales que le pertenecen, es difícil saber administrar adecuadamente sus revelaciones. ¿Debo contarles a los demás sobre ellas? Si es así, ¿cuándo y cómo?

La primera vez que describí en Internet la visita que me hizo un ángel, llamado el Ministro de las Finanzas, recibí miles de mensajes por correo electrónico de personas llenas de ansias de conocimiento. A los lectores les tocó, particularmente, saber la realidad de que Dios está por liberar las finanzas y los recursos para reformar el cuerpo de Cristo sobre la tierra y desbordar las paredes de las estructuras religiosas actuales. A las personas las motivaba saber que los ángeles del cielo anhelan unirse con seres humanos para entregarle a Jesús lo que le pertenece por derecho.

Sentí una responsabilidad enorme de escribir esta revelación, a pesar de que implicaría compartir encuentros y palabras muy personales que estaban dirigidas originalmente a unos pocos individuos y a mí mismo. Cuando esta revelación se me manifestó y recibí visitas, me di cuenta de que este entendimiento era para el cuerpo entero de Cristo.

Estamos entrando en una era en la que los encargos espirituales de un trabajo secular son tan importantes como un ministerio de tiempo completo. Aquellos en puestos seculares deben llevar a cabo sus llamados con la misma intensidad que aquellos que han recibido un mandato en el ministerio de una iglesia.

Dios desea que esta generación se infiltre en cada industria secular para que Él pueda manifestar y recibir su gloria. También se ha propuesto cultivar una contracultura divina en el sistema mundial. Ser parte de una contracultura divina se volvió una ocupación peligrosa desde que el espíritu del Anticristo ha inundado los sistemas terrenales hasta llegar al punto de dominarlos. Pero donde hay oscuridad, llegará más luz.

"¡Levántate y resplandece, que tu luz ha llegado! ¡La gloria del Señor brilla sobre ti! Mira, las tinieblas cubren la tierra, y una densa oscuridad se cierne sobre los pueblos. Pero la aurora del Señor brillará sobre ti; ¡sobre ti se manifestará su gloria! Las naciones serán guiadas por tu luz, y los reyes, por tu amanecer esplendoroso". —ISAÍAS 60:1–3

En este mismo momento, Dios ha ordenado la liberación de recursos y finanzas para que se inviertan en los hombres y las mujeres que las utilizarán para el avance del Reino. Este suministro fue designado para aquellos que se levantarán en esta generación, sin importar cuál sea el costo, y le entregarán a Jesús todo lo que puedan administrar: su recompensa y su herencia.

Durante los últimos años, he experimentado lo que considero que es una serie de revelaciones profundas sobre la herencia espiritual del Hijo, la cuál el Padre desea manifestar en la tierra como en el cielo.

Para que se materialice el dominio del Reino de Dios, debemos experimentar un cambio de paradigma. Dios ha utilizado mi caminar en lo profético para explicarme muchas cosas. La vida no es solo una serie de eventos, sino una revelación deliberada de los propósitos divinos y tangibles manifestados de forma visible. Me gustaría relatarte algunas de estas experiencias personales e incluso un poco sobre mi historia familiar. A medida que leas estos relatos abre tu corazón al Espíritu Santo al máximo.

Que este libro sea un recurso que te eleve a un entendimiento superior del enfoque para el fin del mundo de Dios. Dios liberará a muchos para que cosechen los frutos maduros, lo que consta de no solo la salvación de las almas, sino también de la liberación activa del Reino de Jesús sobre la faz de la tierra y de la adquisición del dominio de los corazones de la humanidad.

Para algunos, este libro confirmará aún más lo que Dios ya les ha revelado sobre su papel en la tierra, en Su Reino. A otras personas, les servirá como una revelación nueva y original.

Cualquiera sea el caso, oro para que cuando leas este libro, mis experiencias y mis entendimientos despierten en ti una visión más amplia: una que encienda tu fe, extienda tu esperanza y revele el diseño de Dios de tu destino eterno.

CAPÍTULO UNO

RESTAURACIÓN DE HERENCIAS ASOLADAS

"Quiero que lo sepan para que cobren ánimo, permanezcan unidos por amor, y tengan toda la riqueza que proviene de la convicción y del entendimiento. Así conocerán el misterio de Dios, es decir, a Cristo, en quien están escondidos todos los tesoros de la sabiduría y del conocimiento".

—COLOSENSES 2:2-3 (NVI)

Aquella mañana del 5 de julio de 2001, me pareció que toda la intensidad del sol relucía por la ventana de mi habitación. La salida del sol era tan brillante que me di vuelta para eludirla, pero al voltearme, los espejos reflejaron su luz justo en mis ojos. Sin poder ver por ningún lado, me senté con los ojos entrecerrados y miré al borde de mi cama. Lo que vi me dejó anonadado: un hombre estaba parado allí observándome.

Lo estudié por unos segundos y me di cuenta de que no era humano, sino un ángel que transmitía el aire del mismísimo cielo. Y no era cualquier ángel, sino uno de los seres angelicales imponentes del cielo. Jamás había sentido algo así y el temor del Señor se apoderó de mi corazón.

Aunque este ángel transmitía un aire de nobleza, estaba vestido más bien humildemente, con una bata de color marrón que parecía de yute. Estaba llena de bolsillos. Debajo de la bata había otra prenda que parecía transparente y viva, casi como luz viviente.

El ángel medía aproximadamente dos metros y tenía cabello marrón y ojos miel penetrantes, a los cuales intentaba no mirar porque me asustaba la intensidad del amor y la autoridad que transmitían. Pero al mismo tiempo, no podía desviar la mirada –nuestras miradas estaban fijas en la del otro–. Su rostro irradiaba compasión y autoridad. Repentinamente, comprendí por qué Juan el Amado se confundió y adoró al ángel que se le apareció (Apocalipsis 19:10): porque los ángeles auguran la apariencia radiante y luminosa de Dios.

LA VOZ DEL SEÑOR

Antes de que pudiera decir una palabra, la voz audible del Señor inundó la habitación, y me presentó al ángel parado frente a mí: ¨Da la bienvenida al Ministro de las Finanzas del Reino¨.

El sonido era el de una trompeta y el de una voz, en uno solo. Las ondas de la presencia del Señor se propagaron dentro de mí. Más tarde, me enteré de que un jovencito en la habitación de al lado se había despertado y sentido aterrorizado por la voz audible de Dios. Después de su anuncio, el Señor continuó hablándome internamente a través de mi espíritu, y me concedió un entendimiento mayor sobre este ángel y su posición de gran importancia.

De inmediato supe que este ángel tenía poder sobre todas las finanzas y recursos que la autoridad celestial clama desde la tierra. Estos recursos tienen solo un fin: entregarle a Jesús su recompensa plena, asi como su herencia en nuestra era. ¡Qué ocupación tan santa y noble tenía este ángel! Razón que se sentía la gloria de Dios en la habitación cuando el ángel estaba en ella.

]El Ministro angelical de Finanzas comenzó a caminar hacia mí rodeando el pie de la cama. Mientras se acercaba, pensé: "¿Por qué yo? ¿Por qué aquí?". Pero antes de continuar, debo contar algunas de las circunstancias en torno a mi viaje a California que te ayudarán a comprender en profundidad esta visita angelical del cielo.

CAPÍTULO DOS

DESCUBRIENDO MI HERENCIA

"Pido también que les sean iluminados los ojos del corazón para que sepan a qué esperanza él los ha llamado, cuál es la riqueza de su gloriosa herencia entre los santos, y cuán incomparable es la grandeza de su poder a favor de los que creemos".

—EFESIOS 1:18–19

Antes de nacer, mis padres perdieron un hijo. Se llamaba Guy Charles Bolz y tenía apenas cuatro años cuando falleció. Aunque mis padres no eran cristianos en ese momento, Guy sentía un amor ferviente por Dios. Desde pequeño hablaba sobre Dios y Jesús todo el tiempo. Era encantador con todos los que conocía. De cierto modo, Guy fue un mártir en nuestra familia, porque fue después de una lucha fallida contra la leucemia, que mis padres buscaron a Jesús.

Incluso durante la muerte de Guy ocurrió algo sobrenatural. En medio del trasplante de médula ósea, él falleció en la mesa de operaciones. Cuando el médico salió a buscar a mis padres en la sala de espera, sabían que había sucedido lo peor y comenzaron a llorar.

De repente, una mujer con una expresión extraordinaria apareció en la sala de espera. Transmitía un aire de paz e hizo que mi madre –quien nunca antes había experimentado un dolor tan profundo– sintiera un consuelo inmediato. Esta mujer gloriosa se sentó con mis padres por un rato y luego se marchó.

Años después, cuando mis padres hablaban sobre la experiencia, ambos parecían haber visto a una mujer completamente diferente en su aspecto (cabello y vestido diferentes) a pesar de que estuvieron sentados uno al lado del otro todo el tiempo. La presencia del amor que reposaba sobre esta mujer causó que sus corazones anhelaran a Dios. Después de darse cuenta de que la mujer era un ángel que Dios les había enviado por el fallecimiento de mi hermano, mis padres finalmente buscaron a Dios.

Además de mi hermana mayor, Cindy, mi madre tuvo dos hijos más: mi hermana, Jennifer y yo. Todos llevamos un agujero en nuestros corazones por nuestro hermano, quien nos dejó tanto tiempo atrás. A pesar de que murió antes de mi nacimiento, mi corazón ansiaba conocerlo.

DESCUBRIENDO MI HERENCIA

En el año 2000, Dios comenzó a hablarme sobre el llamado para la vida de mi hermano. Me dijo que la vida de Guy fue tomada antes de tiempo. Esto confirmó algo que había en nuestros corazones, porque siempre habíamos sentido que él debería seguir con vida. Nos sentíamos incompletos, como si una parte de nuestra familia estuviese de alguna forma incompleta. Dios me reveló que había una herencia que yo recibiría: era el llamado que habría seguido Guy. Ahora Dios me pedía que lo reclamara como mio.

Vi una imagen en la que sostenía en mis manos un boleto de reivindicación de las cosas que Jesús había planeado para que mi hermano hiciera en la tierra. Comencé a pedir esa herencia de un destino y un don. Al hacerlo, Dios sanó el agujero en mi corazón por mi hermano, y engrandeció mi corazón para que pudiera recibir el amor y el llamado que Guy hubiera seguido. Varios años antes, un hombre profético que no sabía sobre mi hermano me había dicho lo mismo, pero esto nunca me llegó al corazón ni tuvo sentido hasta ese momento.

Durante la época en que Dios me aclaraba estas revelaciones sobre mi hermano, fui a visitar a unos amigos en California, mientras mis padres, por su lado, habian estado visitando a unos amigos en el estado de Washington. No habíamos hablado por varios días, pero Dios los puso en mi corazón. Una noche, me acosté temprano y tuve un sueño poderoso con ellos, que sentí que duró toda la noche. Fue un sueño en donde mi hermano era alguien simbólico para nuestra familia.

UN SUEÑO CON LA RESURRECCIÓN DE GUY

En mi sueño, observaba un encargado de mantenimiento cortando el césped en un cementerio del estado de Washington. Pasó por una tumba que estaba completamente excavada y un niño pequeño estaba de pie junto al ataúd abierto.

El cuidador asustado preguntó:

—Niño, ¿en dónde están tus padres? —Pero el niño no lo sabía—. ¿En dónde los viste por última vez?

—En el hospital —respondió el niño.

—¿Cómo te llamas? —nervioso le preguntó el cuidador.

—Guy Charles Bolz —respondió el niño.

El cuidador miró a la lápida y notó que el nombre del niño estaba grabado en ella. (En el mundo físico, mi hermano está enterrado en el estado de Washington, tal como en mi sueño).

—Qué chistoso, jovencito —dijo el cuidador—. ¿Dónde están tus padres?

Comenzó a mirar a su alrededor frenéticamente, preguntándose quién haría que un niño hiciera esta broma. Pero no era ninguna broma.

—No sé dónde están. Pero yo estaba en el cielo con Jesús y Él me pidió que fuera a mis padres porque me necesitaban —respondió el niño.

La expresión del cuidador revelaba su susto y asombro. No sabía qué hacer, por lo cual, llevó al niño a su oficina y le indicó que esperara mientras pedía ayuda. El cuidador no sabía a quién llamar, así que marcó cero para hablar con la operadora.

Se oyó la voz de una mujer por el auricular y cuando comenzó a contarle lo que había sucedido ella proclamó:

—Dios lo levantó de entre los muertos. ¡Debo hallar a sus padres! ¡Alabado sea Jesús!

El cuidador no se esperaba hablar con una cristiana. Esto fue demasiado para el pobre hombre que se desplomó en la silla mientras ella se comunicaba con los padres.

El paisaje cambió y vi la casa de mis padres en Kansas City. De repente, sonó su teléfono. Mi mamá estaba en la cocina y mi papá en la sala de estar. Mi papá respondió el teléfono junto a él.

—¿Habla Larry Bolz? —preguntó una mujer. Él respondió que sí—. ¿Tuvo un hijo que falleció a los cuatro años? —le preguntó.

—Sí —replicó. Su primogénito había fallecido a una edad muy temprana.

—No sé cómo explicarle esto —dijo—, pero tenemos a su hijo en el teléfono. ¡Está vivo!

Mi papá, incrédulo y enojado le preguntó:

—¿Es acaso esto una broma de mal gusto? ¡Hace años que murió!

Ella le aseguró que no era ninguna broma ni un chiste. Pero, aun así, mi papá estaba a punto de colgar cuando escuchó una vocecita:

—¿Papi? Papi, ¿eres tú?

Vi el rostro de asombro de mi papá y cómo comenzó a latir su corazón roto. ¡Era aquel hijo que había perdido! Reconocía su voz.

—¿Guy? —preguntó perplejo.

A estas alturas, mi madre, quien había oído la conversación, levantó el auricular de otro teléfono de la casa.

—¿Quién habla? —preguntó. Escuchó la risa de ese hijo que hacía tiempo había muerto y esta le penetró el corazón—. ¿Guy? —le preguntó ansiosa.

—Sí, mamá. ¡Jesús me ha devuelto a ustedes! ¡Estoy vivo!

Mis padres y Guy comenzaron a llorar juntos. No existió jamás un reencuentro más feliz que este.

Desperté de mi sueño sollozando intensamente por la imagen mental vívida de mis padres llorando al escuchar la voz de su primogénito una vez más.

—Dios mío, ¿qué es esto? —le pregunté en medio de mi llanto.

En mi espíritu, oí cuando me respondió:

—Llevaré a tus padres hacia la región noroeste de los Estados Unidos. Cuando vayan, todo lo que les he prometido que ahora parece estar muerto y enterrado será resucitado. ¡Se realizará el propósito pleno de sus vidas!

UNA UNCIÓN DE RESURRECCIÓN

Me quedé asombrado por esta revelación y por la forma cómo me llegó. Mis padres son cristianos maduros a quienes se les han hecho muchas promesas. Por muchos años, creyeron que Dios los usaría de una forma importante para su Reino. Pero a medida que los años pasaban, cada promesa parecía alejarse cada vez más. No estaban desperdiciando el tiempo, bajo ningún aspecto, pero ciertas promesas jamás se les habían cumplido y era necesaria la mano de Dios para que puedan cumplirse.

Mis padres pasaron muchos años en la Fuerza Aérea, sirviendo a Dios y a su país. Mi padre es un coronel retirado de la Fuerzas Aéreas de los Estados Unidos, y mi madre y él ya se sentían de edad mayor. Tiempo atrás habían renunciado la idea de ir a las naciones; habían descartado sus anhelos de llevar sus escritos, canciones y dones de sanación por distintos lugares. Ahora, Jesús resucitaría sus llamados y promesas. Haría una comparación entre el destino de sus vidas y el hijo preciado que habían perdido. Ellos experimentarían la resurrección de algo que había muerto hacía mucho tiempo y Él lo haría mediante su poder y voz de mando.

Esperé hasta llegar a casa desde California para relatarles el sueño. Les conté que Dios haría que se mudaran de nuevo al noroeste para que reivindicaran su herencia plena. Lloramos juntos mientras les contaba cómo Dios les encomendaba este llamado, del mismo modo en que le había encomendado a Guy sus corazones. El afecto de mis padres por el llamado de Dios para sus vidas sería tan real como si Guy hubiese resucitado y estuviese de pie ante ellos.

Dios desea llevar y acompañar a muchas personas a través de este proceso de resurrección. Él desea dar vida divina a las promesas que nosotros hemos colocado en el altar y matado. Es hora de que nuestra fe se despierte nuevamente. Dios nos concederá una unción de resurrección. Primero lo veremos aplicado a los sueños que han muerto y terminará en una manifestación de una unción de resurrección verdadera.

REIVINDICACIÓN DE MI HERENCIA ESPIRITUAL

Un año después, en junio de 2001, Dios nos dijo a dos amigos míos y a mí que nos fuéramos a California. Me emocionaba volver a mi tierra natal porque siento un gran amor por ella. Un gran amigo mío, Jill Austin, iba a hablar en una conferencia en Lancaster y me preguntó si quería ir. Instantáneamente oí al Señor: no tenía otra opción, iba a ir.

Llamé a mis padres y me enteré de que irían a Spokane en Washington. Les pregunté cuándo salían y resultó ser la misma mañana en que yo saldría hacia California.

—¿A qué hora se van, mamá? —pregunté.

—En el vuelo de las nueve y media por Southwest Airlines —me respondió.

—¡Yo salgo a California a las nueve y treinta y tres por Southwest! Dios me esta diciendo que vaya a buscar una herencia de promesas, pero no sé por qué ha elegido el lugar a donde vamos.

—¿A dónde van? —preguntó.

—A Lancaster —respondí—. Hubo un silencio en el otro lado de la línea.

Después mi madre comenzó a llorar.

—Shawn, allí es donde nació tu hermano Guy —me dijo entre llanto.

Nunca supe dónde había nacido. Mi familia servía en las Fuerzas Aérea y nos mudábamos todo el tiempo. En realidad, nunca hablamos mucho sobre su nacimiento. Perdí la compostura. Mis padres iban hacia el noroeste para reivindicar lo que Dios nos había dado en el sueño con mi hermano, y al mismo tiempo, yo me dirigía al lugar de nacimiento de Guy para reivindicar una herencia. ¡Dios es tan asombroso!

Por eso, aquella mañana de julio en 2001 (que mencioné en el capítulo uno), comprendí por qué Dios mandó al Ministro de Finanzas a visitarme mientras me hospedaba en Lancaster. El ángel venía para liberar en mí, parte de la herencia espiritual de mi hermano. Sentí la santidad del momento.

RESTAURACIÓN DE HERENCIAS ESPIRITUALES

"Así dice el SEÑOR: «En el momento propicio te respondí, y en el día de salvación te ayudé. Ahora te guardaré, y haré de ti un pacto para el pueblo, para que restaures el país y repartas las propiedades asoladas»".

—ISAÍAS 49:8 (NVI)

Literalmente, hay herencias y tareas espirituales que han sido abandonadas y no realizadas, que están disponibles para que las tomemos nuevamente. En los días por venir, el Señor dirigirá a muchos para que aprovechen estos tesoros sin utilizar. Hay un momento de favor previsto que llega en el día de la salvación: un momento designado en el que el Padre invertirá en la mismísima herencia de Jesús.

Necesitamos comprender el concepto de las comisiones incompletas que yacen sin uso en el reino espiritual y que están esperando ser tomadas por aquellos que tienen el derecho a hacerlo. A veces estos mandatos están incompletos porque la persona muere prematuramente. Otras veces, la persona que caminaba junto al Señor cae en el pecado o en la desobediencia y deja una tarea inconclusa. Por otro lado, aquellos que se han ido junto al Señor dejan atrás una herencia espiritual. Dios desea abrir nuestros ojos espirituales para que veamos nuestro derecho natural y divino a las herencias espirituales y comisiones inacabadas que nos rodean.

Un amigo mío tuvo una revelación muy clara, de un lugar en donde las herencias espirituales de las generaciones previas estaban encadenadas y extendidas en unión demoniaca. Pero él vio que Dios estaba a punto de encomendar a las personas que ingresaran al reino espiritual y recobraran esos tesoros preciosos que habían sido robados por el enemigo.

Cuando las personas ingresan a la eternidad, después de haber vivido una vida de obediencia en unión con Dios, dejan atrás una herencia espiritual. Dios busca individuos que tomen esas herencias y transiten el legado de aquellos que han preparado el camino por delante.

Los propósitos divinos son como senderos del reino espiritual. Dios nos invita a los senderos que ya han sido tendidos para que sigamos el camino que ya ha sido marcado. Si no tenemos que crear un sendero nuevo desde el principio, podemos avanzar más hacia el Reino del Señor. El autor de Hebreos incluso se anima a afirmar que:

"Aunque todos obtuvieron un testimonio
favorable mediante la fe, ninguno de ellos vio el

cumplimiento de la promesa. Esto sucedió para que ellos no llegaran a la meta sin nosotros, pues Dios nos había preparado algo mejor".

—HEBREOS 11:39-40 (NVI)

Algunas de las personas que están en el cielo tienen promesas que no se cumplieron. Nuestra participación les permitirá ver cómo se revela el plan perfecto de Dios. Estas herencias generacionales pueden afectar nuestras finanzas, recursos, ministerios y mucho más.

"«No es gran cosa que seas mi siervo, ni que restaures a las tribus de Jacob, ni que hagas volver a los de Israel, a quienes he preservado. Yo te pongo ahora como luz para las naciones, a fin de que lleves mi salvación hasta los confines de la tierra»".

—ISAÍAS 49:6 (NVI)

Isaías explicó el modo en que el Señor lo preparó para un propósito específico, pero cuando el favor del Señor le fue concedido, recibió una expansión de ese propósito. Recibió una parte más grande de la administración que le permitió adquirir una herencia superior en el cielo.

ADMINISTRACIÓN DE GRANDES LLAMADOS

En esta generación, Dios nos invita a administrar grandes llamados hasta los confines de la tierra. Estos llamados no están enfocados únicamente en plantar iglesias. También tienen una función secular. Muchos llamados quedaron inconclusos porque serían liberados en un ámbito mayor (el mundo entero) y las personas que los seguían estaban limitadas a su identidad según la iglesia o el ministerio.

Algunos de los cargos y unciones más grandiosos que se liberaron sobre la tierra todavía están disponibles. Simplemente no son para el mundo ministerial. Dios desea ungir en todos los campos conocidos por la humanidad para así llevarle gloria y expandir Su recompensa.

Realmente, estos son los mejores días para ser llamado fuera de las paredes de la iglesia, porque Dios está liberando discípulos dentro de cada industria y ocupación. Se está liberando una unción a las personas con trabajos seculares para que puedan llevarle a Dios una cosecha tan buena – o posiblemente mucho mejor– que aquella que se obtiene del ministerio en la iglesia. No ha habido en el mundo Occidental un mejor tiempo para que aquellos que tienen trabajos seculares entren en un pacto de propósito con Dios.

Desde el inicio del cristianismo, gran parte de los movimientos de Dios han ocurrido dentro de los confines de la organización de la iglesia. Cuando estos movimientos se extendieron más allá del alcance de la Iglesia, afectaron a miles, incluso millones de personas. Sin embargo, Dios generará un movimiento que resultará en un cambio cultural en el ámbito secular. El efecto será tan profundo como la obra de Martín Lutero, para poner las Sagradas Escrituras a disposición de todo el mundo, y no solo de algunos cuantos religiosos. La visión de Lutero cambió culturas a nivel global y sucedió en una generación.

La primera vez que oí hablar a Mike Bickle, el fundador de la Casa Internacional de la Oración, su visión me cautivó. Usó una afirmación sencilla que disparó una flecha desde el cielo hasta mi corazón: "Dios está a punto de cambiar radicalmente el cristianismo en una generación", nuestra generación.

Dios ha cambiado radicalmente el cristianismo, en una generación, solamente un par de veces. Cada vez que lo hizo, afectó con la misma profundidad tanto a la cultura secular como a la de la iglesia. Cuando el cielo y la tierra están de acuerdo, todo se desplaza hacia lo divino.

CAPÍTULO TRES

LA PRIMERA VISITA

"Exaltado es el SEÑOR porque mora en las alturas, y llena a Sion de justicia y rectitud. Él será la seguridad de tus tiempos, te dará en abundancia salvación, sabiduría y conocimiento; el temor del SEÑOR será tu tesoro".

—ISAÍAS 33:5-6 (NVI)

El Ministro de las Finanzas se quedó totalmente en silencio. Estaba tan callado que pude escuchar cómo mi corazón me palpitaba en el pecho. De pie junto a mi cama, comenzó a buscar en los bolsillos de su bata y a sacar llaves. A una velocidad sobrenatural, colocó estas llaves en un llavero. Buscó en sus bolsillos veinte veces por segundo y sacó llave tras llave.

Vi más de cien llaves. Era muy difícil contarlas porque pasó muy rápido. Recuerdo ver llaves de casas, de coches, de oficina, de cuartos de hotel, tarjetas, de ventanas, de bancos, de cajas de seguridad y muchos otros tipos. Incluso vi algunas llaves futurísticas que aún no se han usado. Después de solo unos segundos, traspasó todas las llaves de sus bolsillos al llavero sobrenatural. Que tantas llaves cupiesen en un único llavero era en sí algo sobrenatural.

Luego, el Ministro de las Finanzas extendió sus brazos hacia adelante, colocó el llavero sobre mi pecho y lo presionó. Cuando lo hizo, me quedé anonadado, porque el llavero me atravesó la piel como si fuera líquido y me penetró. Fue como un efecto especial cinematográfico. Sentí el frío de las llaves metálicas. Las manos del Ministro de las Finanzas estaban ardiendo. Al tocarme, sentí un golpe eléctrico. Cuando levantó sus manos, pude ver el contorno de las llaves bajo mi piel. A continuación, las hundió hasta el fondo de mi espíritu.

Instantáneamente, tuve la impresión de que esta experiencia no era solo mía. Yo representaba a muchos creyentes que estaban recibiendo llaves desde el cielo para preparar el sendero del Señor. Estas llaves develarían en el mundo físico las oportunidades que financiarían los proyectos para el dominio del Reino de Dios en la tierra.

Tuve una visión en la que este ángel recorría el mundo y les entregaba a las personas llaves para abrir puertas alguna vez prometidas. Hubo tres personas en particular a quien vi que les entregaba las llaves: dos de ellas ya habían comenzado a seguir sus promesas.

Luego, el Ministro de las Finanzas me tocó la frente con sus dedos ardientes y tuve otras visiones.

JESÚS CON LAS MILES DE LLAVES

La primera visión que tuve fue de Jesús de pie en los cielos contemplando la tierra. Sostenía un llavero parecido al que se fusionó en mi pecho, pero su llavero era mucho más grande y tenía cientos de miles de llaves. Agitaba las manos con las llaves y se oyó un trueno intenso en los cielos anunciando actividad en el Reino.

Las llaves eran de todo tipo, para casas, edificios, vehículos de toda clase, títulos de bienes raíces, industrias de la tecnología y las ciencias, hospitales, estudios cinematográficos, escuelas, recursos médicos y políticos; en fin, para todo lo que se puede poseer y para lo que se necesita una llave. Me di cuenta de que estas llaves revelarían su herencia en la tierra. Estas llaves eran de recursos tangibles, los que la humanidad administraría, para así otorgarle a Jesús la posesión de las almas afectadas por estos recursos.

¡Qué experiencia tan reveladora! Esta visión, desde mi perspectiva, volvió extraordinaria la realidad de lo que Jesús heredaría. Había tantas cosas naturales que estaban bajo su dominio. Honestamente, jamás había comprendido que tendría tanta influencia sobre la tierra.

Luego, Jesús me habló, pero sus labios jamás se movieron:

—¡Voy con llaves hacia mi Reino!

Las llaves en el llavero ahora sonaban como campanillas de viento, pero con una intensidad y un volumen verdaderamente intensos. De repente, supe que solo el aire del Espíritu Santo provocaría que estas llaves hallaran sus cerrojos y revelaran las promesas divinas. Logré un gran entendimiento espiritual: no se escatimará recurso alguno.

Todo se incluirá para entregarle a Jesús su herencia plena. Jesús les habló a Sus discípulos sobre su reino de autoridad.

"Te daré las llaves del reino de los cielos; todo lo que ates en la tierra quedará atado en el cielo, y todo lo que desates en la tierra quedará desatado en el cielo".

—MATEO 16:19 (NVI)

Cuando aceptemos los propósitos de Dios, Él liberará cualquier llave que necesitemos y que le otorgue a Jesús lo que le pertenece. Estas llaves abrirán o cerrarán la revelación de la gran promesa para que el Hijo de Dios coseche su recompensa plena. Durante los próximos dos años, esta visión se repitió varias veces. Cuando ocurría, veía literalmente las llaves que bajaban desde el cielo y se depositaban en la mano de alguien en la tierra.

En una ocasión, estaba en Kellogg, Idaho y Jesús se me presentó en una visión. Mientras el aire del Espíritu Santo soplaba a través de las llaves, dos llaves se liberaron y fueron entregadas a alguien en el ministerio. Supe que dos edificios serían entregados a este hombre. Cuando le conté esta visión profética, se emocionó. Como su ministerio no contaba con los fondos para comprar estos edificios, tendrían que salir de una provisión del cielo. Un tiempo después, esta persona recibió una llamada telefónica y le entregaron un edificio por solo unos cuantos dólares; por una cifra mínima en comparación con su valor del mercado.

En otra ocasión, vi que una llave de una casa se liberaba a una amiga que necesitaba un lugar donde vivir. Supe que era una provisión por un motivo específico en la vida de mi amiga. La llave se le apareció en el mundo físico cuando unos amigos europeos le permitieron ocupar su única inversión en los Estados Unidos. La invitaron a que viviera allí y administrara su hogar sin costo. Desde entonces, ella ha hecho de este hogar un refugio y un santuario.

Hubo otra vez en que un grupo de la Costa Oeste vino a la Casa Internacional de la Oración de Kansas City, con ansias de fundar una casa de oración en su ciudad. Mientras oraba por ellos, vi que se liberaba una llave sobre un grupo de edificios (un centro comercial junto a una carretera). Cuando se los conté, inmediatamente se emocionaron y me explicaron que estaban negociando la compra de un centro comercial junto a una carretera cerca de su iglesia. Incluso, habían dado un salto de fe para comprarlo. Volvieron a sus hogares y al enterarse de que el propietario había bajado el precio considerablemente, sin ningún motivo aparente, estaban encantados. Además, el propietario comenzó a hacer reparaciones ¡por su propia cuenta!

En otra visión, iba por la autopista 405 de California en dirección a Culver City y vi uno de los estudios cinematográficos más grandes de Hollywood (uno que parecía una ciudad encerrada). El Señor me habló:

—Esto fue construido para mí y yo lo poseeré.

En la visión, el complejo cinematográfico tenía paredes blancas grandes que lo rodeaban y muchos portones de seguridad. En el mundo físico, jamás había visto un estudio. Pero un día, durante un viaje del ministerio por California, conduje a Culver City con algunos amigos a ver si podíamos "ver" la visión. Encontré el estudio cinematográfico exactamente donde lo había visto en mi visión, y me quedé anonadado. Esto despertó algo dentro de mí sobre lo que Dios me había mostrado y cómo este estudio afectaría al mundo en los años por venir.

Durante un periodo de dos años, Dios me concedió visiones similares con la liberación de llaves. El Señor me mostró más de catorce edificios que les entregaba a personas y ministerios y todos estos edificios se liberaron, con la excepción del estudio cinematográfico. Estos edificios incluían casas y centros comerciales, hospitales desocupados y estructuras corporativas inmensas. Todos formaban parte de lo que Dios reclama o construye para Su Reino.

Desde aquel entonces, con frecuencia Dios me ha mostrado edificios con grandes llaves frente a ellos. Cuando miro las puertas, puedo saber si las llaves serán liberadas pronto para propósitos de redención. Esto me ayuda a incitar a las personas a ir tras un edificio específico.

SACOS DE ORO

Después de ver aquella visión de Jesús sosteniendo miles de llaves, el paisaje cambió y se me presentó una segunda visión.

De pronto, los cielos se abrieron sobre mí. El Ministro de las Finanzas, quien había estado de pie junto a mí, se elevó. Dos ángeles aparecieron sosteniendo un arca, una especie de cofre. El Ministro de las Finanzas se suspendió sobre estos ángeles. Otros ángeles, a quienes conozco como ángeles de recursos, aparecieron cargando sacos blancos que irradiaban luz celestial. Cada ángel llevaba dos sacos llenos de oro, y ¡no era cualquier oro! Dentro de estos sacos había recursos para el fin de los tiempos para asegurar la herencia de Jesús.

El Ministro de las Finanzas les indicó a los ángeles de recursos que abrieran los sacos con oro. Cuando comenzaron a poner el oro dentro del cofre, lo hicieron fuera de mi vista, como si el oro fuese demasiado santo para que lo viera. De hecho, la santidad de la gloria de Dios que emanaban los sacos en sí era tan potente que me obligaba a desviar la mirada. Cada vez que intentaba ver, me perdía en la visión y la escena se volvía muy intensa; casi como intentar mirar al sol al mediodía. Intenté ver el maravilloso oro dentro de los sacos, pero no me lo permitieron porque estos estaban marcados para propósitos extremadamente santos, y aquellos que los vieran quedarían marcados para esos propósitos. Así fue como el oro quedó oculto de mi vista.

Cuatro ángeles fueron enviados a la tierra con ocho sacos de oro. Rodearon a un hombre que dormía, quien se despertó de repente cuando estos ingresaron a su habitación. Era un hombre de negocios. Mientras se sentaba, los ángeles apoyaron los sacos a su alrededor sobre la cama. La habitación se inundó de un silencio santificado. Los ángeles le hablaron al hombre de negocios no identificado, pero no pude oír lo que le dijeron.

El hombre tomó uno de los sacos e inmediatamente comenzó a temblar como si tuviese una convulsión, puesto que el poder del saco era como corriente eléctrica. Yo quería ver lo que había adentro, pero nuevamente no me lo permitieron. El hombre comenzó a abrir el saco y cuando miró en su interior, una luz amarilla brillante emergió e iluminó su rostro.

El momento fue tan sagrado que el hombre comenzó a llorar al ver la provisión de aquello mismo a lo que Dios lo había llamado. Sin embargo, no era solo una provisión, sino que también llevaba la estrategia y el conocimiento grabados para administrar estos fondos. Había esperado al Señor por años y sintió temor del Señor por la liberación de estos fondos extraordinarios.

Los ángeles comenzaron a cantar a su alrededor con exaltación y hermandad. Se regocijaban porque era hora de otro grandioso depósito para una vasija dispuesta y lista. El hombre solo siguió llorando con gran gozo. El desgaste de cargar con un propósito tan grande sin una manifestación física desapareció de su interior porque había recibido todo lo que necesitaba en un instante.

En el caso de este hombre, el oro liberado era para un proyecto en un hospital que proporcionaría sanación física y espiritual bajo un mismo techo. Mientras lo observaba llorar, pude visualizar el plan en su mente. Poco después, se recostó, lloró y le agradeció a Dios por su provisión.

Yo creo que esta visión representa lo que Dios desea hacer en este momento. El hombre que dormía representa a muchos que están dormidos a los propósitos que Dios les ha asignado. Se dan por satisfechos con vivir de acuerdo con la visión del mundo de nuestra cultura. Debido a que no han sido empoderados con el propósito mayor de Dios para sus vidas, están dormidos a los tesoros que Dios anhela liberar.

Los ángeles vinieron y apoyaron los sacos con oro sobre la cama de este hombre, la cual representa un lugar íntimo. Asimismo, las grandes estrategias necesitadas por aquellos llamados a administrar los recursos en los días por venir solamente serán producto de nuestro tiempo compartido con el Señor en intimidad, permaneciendo en Él.

Cuando el hombre tomó el saco, el mismo propósito que era tan preciado para él lo empoderó. Del mismo modo, muchas personas comprenden intelectualmente su posición y función terrenales, pero el gran empoderamiento les llegará cuando alcancen la santidad del propósito impresionante y sobrenatural de Dios en medio de sus vidas ordinarias. Esto representa nuestra necesidad de encontrarnos con el Espíritu Santo. La revelación le llegó cuando el hombre tomó el saco, y en ese momento, tembló.

Luego, miró adentro del saco y supe que sus ojos y su visión habían sido purificados. La luz que a mí no me permitía ver, a él no le hizo cubrirse los ojos. Él había sido purificado para que pudiera ver su propósito con los ojos abiertos de la revelación. La revelación era necesaria para administrar lo que le habían asignado. Quedó equipado para su propósito cuando esta revelación se liberó y se combinó con el empoderamiento y el amor divino del Espíritu Santo.

LA PUERTA CERRADA Y LA LIBERACIÓN DE LA LLAVE

La visión cambió nuevamente, y en esta tercera visión, observé como un ángel de piel oscura ingresaba al centro de lo que parecía ser Los Ángeles. Una de las llaves celestiales flotaba en el viento ante él. El ángel parecía seguir la llave, que servía para develar fondos para los medios de comunicación, de acuerdo con los propósitos de Dios.

Mientras la llave flotaba en el viento, yo esperaba verla abrir una puerta, pero en vez de esto, flotó hacia la mano de un hombre. El ángel también se mostró sorprendido, ya que casi se tropieza con él.

El hombre tenía sus manos en el aire y estaba esperando recibir del Señor, y aunque había varias puertas abiertas ante él, se enfocó en una puerta en el medio que estaba cerrada. No solo estaba cerrada, sino que le habían echado llave y parecía ser la más importante. No había forma de alcanzar esta oportunidad. Me di cuenta de que la puerta con llave era la más costosa –la que este hombre quería más que cualquier otra cosa–. A las otras puertas se podía acceder fácilmente y muchas personas habían pasado por ellas, pero este hombre deseaba atravesar la puerta con llave porque nadie la había atravesado antes.

Justo cuando clamaba al Señor una vez más, la llave cayó en su mano. De repente, supo que era hora. Miró a la llave y saltó de su silla. Estaba tan ansioso, ¡que rápidamente pasó por la puerta con llave!

Sus acciones inspiraron al ángel que estaba de pie junto a mí. El ángel comenzó a adorar a Dios, puesto que vio que otra vasija elegida tomó lo que Dios le concedió y lo aprovechó al máximo. Este hombre empezaría una época divina de unción, en donde todo lo que tocase se transformaría en el oro radiante que no se me había permitido ver en la visión previa.

Sabía que este hombre representaba a muchas personas que no han hecho concesiones ni aceptado proyectos fáciles que dan ganancia rápida. Este hombre era de aquellos que habían pagado el precio. Todos los días esperaba las llaves de las promesas divinas de Dios. Después de desarrollar una intimidad más profunda con Dios, el hombre levantó sus manos y esperó, como lo hizo David:

"Oye mi voz suplicante cuando a ti acudo en busca de ayuda, cuando tiendo los brazos hacia tu lugar santísimo".

—SALMOS 28:2 (NVI)

Dios está buscando a individuos que dependan de Él y que no esperen que otros les abran las puertas. Él está observando a aquellos que esperan con anhelo una experiencia en donde el Elegido -el Maestro de todas las llaves- les abra las puertas. Estos individuos son aquellos cuya única esperanza está en Él, como lo escribió el salmista:

"A las montañas levanto mis ojos; ¿de dónde ha de venir mi ayuda? Mi ayuda proviene del Señor, creador del cielo y de la tierra. No permitirá que tu pie resbale; jamás duerme el que te cuida. Jamás duerme ni se adormece el que cuida de Israel. El Señor es quien te cuida, el Señor es tu sombra protectora. De día el sol no te hará daño, ni la luna de noche. El Señor te protegerá; de todo mal protegerá tu vida. El Señor te cuidará en el hogar y en el camino, desde ahora y para siempre".

—SALMOS 121 (NVI)

Dios levantando a los individuos que cargarán con la manifestación plena de su deseo. Estás personas darán un salto de fe con la esperanza de que todo lo que inviertan prosperará y con la meta de entregarle a Jesús su gran recompensa. Muchos hombres y mujeres ungidos por Dios en cada trabajo concebible, tanto secular como ministerial, recibirán asesoría desde el cielo para cargar con el deseo de Dios en sus carreras.

EL DESEO DE CONSTRUIR DE SALOMÓN

Durante esta época de visiones, abrí la Biblia para leer sobre la vida de Salomón. Cuando lo hice, experimenté algo sobrenatural que aclaró de forma divina mi entendimiento del papel de este gran rey. Parecía como si el Espíritu Santo me leyera los libros 1 y 2 Reyes y 1 y 2 Crónicas del Antiguo Testamento. Comencé a reflexionar sobre Salomón de una forma que solo Dios podía provocar.

Vi que el rey Salomón siguió una manifestación poderosa del Espíritu de Dios con el favor del cielo; con el toque de oro. Cuando Salomón construyó el templo, Dios quería que fuera una demostración de la liberación más grandiosa por el acuerdo entre el cielo y la tierra. Dios quería un lugar de morada en la tierra, y ahora la humanidad quería construir un templo para Dios.

Por el deseo de Salomón, descrito en 2 Crónicas 2:5, Dios les permitió a los ángeles de recursos proporcionarle a Salomón los materiales más prestigiosos conocidos en su época: cedros de Líbano, piedras preciosas, el oro más fino de Parvayin, tanto bronce que nadie nunca pudo medir cuánto se usó, telas púrpuras para confeccionar las cortinas del lugar sagrado, los mejores artesanos y constructores conocidos en la tierra en aquella época y ¡mucho más! Así es una liberación divina de recursos celestiales. Creo que, durante nuestra generación, Dios liberará los mejores recursos conocidos por la humanidad para cumplir con sus planes en la tierra. Como consecuencia, veremos un acuerdo entre el cielo y la tierra tan resplandeciente que en comparación el templo de Salomón será insignificante.

Así como el Padre guardó el mejor vino para el final en Juan 2:10, estamos por presenciar cómo Dios utilizará a una generación para llevar a la tierra la manifestación más intensa del cielo.

Mientras estuvo entre nosotros, Jesús nos enseñó a orar para que el reino del cielo llegará a la tierra (Lucas 11:2), porque ese es el gran deseo de Dios antes del final de esta era.

Salomón construyó el templo de acuerdo con el cielo. Él obtuvo el favor de Dios y como consecuencia, tuvo la administración de más riquezas que cualquier otra persona antes de él. Por el favor divino, "Tanto en riquezas como en sabiduría, el rey Salomón sobrepasó a los demás reyes de la tierra" (1 Reyes 10:23 NVI).

Cuando Dios invierte en los seres humanos, siempre es, por naturaleza, con las intenciones más nobles. Así como Dios no se guardó nada con Salomón, tampoco se guardará nada con esta generación que anhela entregarle a Jesús ¡todo lo que le pertenece!

Las riquezas terrenales repartidas para un propósito espiritual serán distribuidas entre aquellos que concuerden con las metas del cielo y el plan de la eternidad. Estas riquezas no se podrán delegar a aquellos que busquen su propio éxito y que paguen su pequeño diezmo en la tierra. En cambio, les serán asignadas a aquellos que vivan con sacrificios, que viertan su nardo costoso para ungir los pies de Jesús y que los laven con su cabello (su gloria); les serán asignadas a aquellos que den hasta la última cosa para la ofrenda del templo.

El Espíritu Santo enviará llaves que abrirán los cerrojos de las puertas para aquellos consumidos con el fervor de entregarle a Jesús su recompensa plena. Él recompensará a aquellos que caminarán por el sendero estrecho. Este sendero no permite motivaciones egoístas; solo permite el ansia de preparar a la novia para su maravilloso Amado.

CAPÍTULO CUATRO

EL CIELO ABIERTO

"Todos estaban asombrados por los muchos prodigios y señales que realizaban los apóstoles. Todos los creyentes estaban juntos y tenían todo en común: vendían sus propiedades y posesiones, y compartían sus bienes entre sí según la necesidad de cada uno".

—HECHOS 2:43-45 (NVI)

Después de esta serie de visiones, el Ministro de las Finanzas miró hacia arriba. Seguí su mirada. Se suspendió en el aire y voló fuera del cuarto. El cielo raso de mi habitación desapareció y el cielo se abrió sobre mí. Mientras contemplaba los cielos abiertos, tuve visiones impresionantes. Creo que todos los que persiguen llegar al cielo de acuerdo con el deseo del Padre para su Hijo necesitan clamar ver los cielos abiertos. Nuestro entendimiento espiritual se expandirá a través de lo que veamos allí.

JUAN EL BAUTISTA

Vi a Juan el Bautista de pie en la entrada al cielo. Aunque no interactué con él, lo pude ver predicando. Parecía como si aún estuviera en la tierra expresando la esencia de Juan 3:30 (NVI): "A él le toca crecer, y a mí menguar". Juan predicó sobre aquellos que son humildes y modestos. Proclamó enérgicamente en voz alta:

—Dios se llevará a los que se han humillado y que ni siquiera aparecen en los mapas de los planes humanos; y hará que encabecen la actividad del Reino.

Dios utilizará los más ingenuos (los hombres y mujeres humildes de este mundo que lleven gran equidad y al cielo en el corazón) para sustituir y anular aquellas cosas que están en el orden establecido del sistema mundial. Dios nos invita a pagar un precio impresionante para que así pueda colocarnos en el mismísimo centro del mundo y heredemos todo lo que le pertenece.

"Pero Dios escogió lo insensato del mundo para avergonzar a los sabios, y escogió lo débil del mundo para avergonzar a los poderosos. También escogió Dios lo más bajo y despreciado, y lo que no es nada, para anular lo que es, a fin de que en su presencia nadie pueda jactarse".

—1 CORINTIOS 1:27–29 (NVI)

A través de la historia, Dios ha convocado a muchos individuos comunes para que lleven a cabo su obra. No ha cambiado su proceder. No busca a aquellos que ya tienen autoridad. No necesita que el hombre apruebe sus decisiones.

Los individuos que anhelan que las celebridades se salven solo para que estas personas famosas e influyentes puedan ministrar están engañados con respecto a cómo Dios desea obrar con nuestra generación. Otros esperan que los empresarios pudientes se salven para que donen su riqueza. No obstante, aquellos que piensan así están totalmente equivocados sobre cómo obra Dios.

En los días por venir, el Espíritu Santo utilizará muchos de los que vienen en la cosecha inminente, pero Dios también anhela utilizar a muchos creyentes que actualmente están en comunidad con sus propósitos divinos y equiparlos para que invadan el mismo centro de las industrias sobre la tierra y para que muestren el poder creativo de Dios.

Dios me enseñó que muchos en la iglesia quienes desean con egoísmo que las celebridades sean redimidas no comprenden Su proceder. Individuos como estos oran para que un ídolo popular se salve, para que una estrella de rock sirva como modelo a seguir creyente para sus hijos. Pero el principio detrás de estos deseos interesados está en Proverbios:

"Los malos deseos son la trampa de los malvados,
pero la raíz de los justos prospera".

—PROVERBIOS 12:12 (NVI)

Dios anhela llevar al frente a sus escondidos (aquellos individuos que están arraigados y justificados en el amor divino). Él quiere crear riqueza a través de ellos. Dios no necesita la riqueza del rico o el favor de los reyes para llevar a cabo sus propósitos eternos. A Dios le encanta actuar mediante los débiles y los modestos.

Los creyentes que han sido sembrados con el amor de Dios no desean saquear a los injustos, ni codician las capacidades y talentos que algunas celebridades han prostituido para adquirir su riqueza. Al contrario, anhelan las riquezas del mundo para que la herencia de Jesús les sea concedida. El deseo de riqueza terrenal se purifica cuando deseamos que el espíritu creativo del cielo dé nacimiento a una manifestación nueva del Reino en la tierra y no buscamos imitar ninguna industria o posición terrenal.

Dios no desea llevar la cultura judeocristiana actual a las industrias humanas. Lo que Él realmente desea es llevar una contracultura a esas industrias; un nuevo modelo que tenga un sistema de valores espirituales superiores. ¡Este patrón celestial invadirá al mundo!

EL FRUTO ESPIRITUAL

Cuando Juan el Bautista terminó su sermón, desapareció. Mientras contemplaba a los cielos, vi muchos tesoros guardados para el Justo. Había tesoros de todo tipo y eran todos para Jesús. Estaban a la vista.

Mientras miraba al cielo, me di cuenta de que estaba viendo la era por venir. Fue como si Jesús ya hubiese logrado completamente su propósito y hubiese vuelto. De pronto, me encontré de pie en una especie de tesorería del cielo, en la que los recursos que se habían usado en la tierra se invertían en nuestra herencia eterna.

Luego, estos tesoros se transformaron en vid y yo veía esta vid exquisita del cielo. Supe que estos tesoros y recursos eran el fruto eterno. Era una vid que producía el nuevo vino de la comunión entre Jesús y su novia. Cada recurso en la tierra que se había invertido para el propósito de Jesús engendró un fruto espiritual para nosotros en el cielo. Este fruto ayudó a enlazarnos a nuestro testimonio de amor por Jesús.

FINANZAS APOSTÓLICAS

De pie en el cielo, comencé a oír una melodía divina y preciosa que jamás podría describir adecuadamente con medios humanos. Un ángel cantaba con el tono más vibrante y claro. Una representación inadecuada de su canto es la siguiente

"Estas son finanzas apostólicas. Lo que han construído, jamás podrá destrozarse. Aunque lo natural se desvanecerá, el fruto permanecerá por toda la eternidad. Beberemos del fruto de nuestro testimonio de hechos justos en la tierra. Fuimos creados para mucho más de lo que creemos. Él es justo y retribuye todo nuestro sacrificio, toda nuestra obediencia, con su amor misericordioso. ¡Su misericordia perdura por siempre!".

Esta canción y la fragancia agradable que inundaba el aire se impregnó en mi espíritu.

UNA RENOVACIÓN CELESTIAL

Maravillado con estas cosas, el Ministro de las Finanzas apareció desde un portal en el cielo y pasó volando junto a mí. Pensé en seguirlo, pero en su lugar, solo observé a dónde iba. Se dirigía a la tierra.

Se detuvo en la habitación de un empresario e invitó a ese hombre a una experiencia celestial muy parecida a la mía. Observé cuando este empresario recibió su llamado eterno. El ángel se lo transmitió a su mente, espíritu y emociones y así quedó revestido eternamente con su propósito divino. Llegaron ángeles desde las cuatro esquinas del cielo y comenzaron a hacerle una renovación celestial.

Ni cirujanos estéticos podrían haber hecho lo que le sucedió al espíritu de este hombre. Fue transformado por la gloria de Dios, mientras lo preparaban para aceptar su propósito nupcial, como se relata en Apocalipsis 19:5-8, en donde la novia se adornaba con linos finos que representaban los actos justos de los santos.

Los ángeles fueron enviados para ayudar a preparar a este empresario a pagar el precio de la obediencia, pues se unió al cielo mediante sus actos de justicia. Había un frenesí de actividad semejante a su alrededor y en su interior que apenas pude verlo por unos segundos. Comencé a pensar en Pablo, quien escribió sobre "anhelar ser revestidos" en gloria eterna (2 Corintios 5:1-5). Comprendí que, si bien anhelamos ser revestidos con nuestra morada celestial, estamos igualmente revestidos, aunque sea solo por nuestra fe.

Después de que los ángeles hayan dado los toques finales a este hombre, retrocedieron y una luz celestial lo iluminó desde un lugar elevado en el cielo. Asombrosamente, ahora se parecía al mismísimo ¡Ministro de las Finanzas! Qué impresionante cómo Dios lo adornó para parecerse a los ángeles, quienes reflejan los atributos más finos de Dios mismo. Este hombre no solo se unía con el cielo mediante su empresa, sino que aceptaba las virtudes y atributos de Dios por esta misma unión. ¡Era igual al orden divino del cielo!

De repente, vi muchos otros pasando por la misma clase de preparación. Las personas empezaron a recibir dinero y recursos, tal como lo había visto en las visiones anteriores. Sin embargo, esta vez las personas que recibieron el dinero asumían la apariencia de los ángeles de recursos que trabajaban para el Ministro de las Finanzas. Algunos, como el empresario que acabo de describir, incluso ¡se veían como el mismísimo Ministro de las Finanzas! Qué posición de honra entre los seres humanos parecerse a los anfitriones celestiales que se asemejan a Jesús. Salí de esta visión con la curiosa sensación de que las llaves ya estaban incorporadas en mi pecho. Todavía podía sentir el metal frío en mi interior.

CAPÍTULO CINCO

LA SEGUNDA VISITA

"Voy por el camino de la rectitud, por los senderos de la justicia, enriqueciendo a los que me aman y acrecentando sus tesoros".

—PROVERBIOS 8:20-21 (NVI)

El 20 de agosto de 2002, me tomé un descanso de mi trabajo ministerial, el cual me hacía mucha falta. Me hospedé con unos amigos en su casa frente a un lago de Wisconsin. Una mañana temprano, antes de que amaneciera, me perdí en una visión y me encontré con el Ministro de las Finanzas nuevamente. Antes de que pudiera responder o reaccionar, me habló:

—El Señor, el Señor, el Señor nos ha encargado el trabajo de sembrar dinero soberano en la tierra, para efectuar proyectos que propicien a la tierra la belleza de Jesús. Tú proclamarás la palabra del Señor.

Al igual que en su primera visita, la voz del Ministro de las Finanzas fue la de una trompeta anunciando una gran melodía. También transmitía un tono extraño que me conmovió el espíritu. Su mensaje era como escuchar una canción. Recordé que este ángel tenía la autoridad para liberar fondos para proyectos e industrias que Dios ya había inyectado en los corazones humanos.

REDES DE RELACIONES

Luego, me adentré en otra visión en la que vi grandes redes que abarcaban zonas geográficas. Cada red se originaba desde puntos individuales de luz que representaban un creyente o una compañía de creyentes en el ámbito secular que habían sido llamados para un propósito más grande.

Los enlaces entre las luces eran conexiones intencionales para formar relaciones. Algunos enlaces representaban amistades establecidas que ahora se dedicarían a un propósito divino. Otros enlaces se dibujaban mientras yo miraba; se delinearon cientos de miles de líneas en tan solo unos cuantos minutos. Lo que vi me hizo recordar la profecía de cambios dramáticos en periodos abreviados de Isaías:

"Antes de estar con dolores de parto, Jerusalén tuvo un hijo; antes que le llegaran los dolores, dio a luz un varón. ¿Quién ha oído cosa semejante? ¿Quién ha visto jamás cosa igual? ¿Puede una nación nacer en un solo día? ¿Se da a luz un pueblo en un momento? Sin embargo, Sion dio a luz sus hijos cuando apenas comenzaban sus dolores".

—ISAÍAS 66:7-8 (NVI)

Dios está por dar a luz a su gobierno en toda la tierra en un periodo sorprendentemente breve. Esta aparición repentina será una de las demostraciones de la naturaleza sobrenatural del Reino, el cual Dios desea mostrar para confundir la sabiduría de los sabios.

En estas redes de personas (representadas por líneas blancas) vi las puertas a oportunidades futuras creadas por aquellos que fueron fieles a las asignaciones divinas y conexiones intencionadas.

En algún momento, creo que Dios comenzará a cosechar redes enteras de relaciones, y que las hará redes divinas de provisión y propósito. La red que vi era una herramienta para capturar miles de miles de corazones con la pasión de Dios.

Muchas personas han estado en viajes espirituales que los han conectado por asignación divina y para propósitos divinos con todo ese mapa. En esta visión, veía cómo los ángeles asignados a esta esfera ayudaban a llevar a cabo este resultado.

Cuando los ángeles de recursos conectaban a una persona (o grupo) con otra, el Ministro de las Finanzas comenzaba a colocar el oro de Jesús sobre las cabezas de diferentes personas. El oro de Jesús flotaba sobre las personas que ni siquiera sabían que estaba allí. Cuando estos individuos alzaban sus brazos con su intercesión para que la voluntad de Dios en el cielo fuese real en la tierra, el oro descendía sobre ellos. Parecían recibir una "unción de conducto", un conducto desde el cielo en sí, que causó que recibieran en el reino natural la manifestación de lo que se colocó sobre ellos en el reino espiritual. Las manos de su fe se extendieron sobre sus cabezas y capturaron los recursos divinos.

En este momento, muchas personas están impregnadas con los propósitos de Dios y ni siquiera lo saben. El mundo occidental actualmente experimenta una frustración divina, comparable a una mujer en su último mes de embarazo esperando dar a luz. Debemos recordar que Dios será fiel para dar a luz el fruto de nuestra matriz:

"¿Podría yo abrir la matriz, y no provocar el parto? —dice el Señor—. ¿O cerraría yo el seno materno, siendo que yo hago dar a luz? —dice tu Dios—".

—ISAÍAS 66:9 (NVI)

Dios dará a luz todo lo que ha concebido en nuestro ser espiritual. Él es fiel.

Nos acercamos a la era en donde este nacimiento ocurrirá con una unción tan repentina que tomará al mundo por sorpresa. Este proceso alcanzará a varios muy pronto y seguirá revelándose hasta que clamemos juntos como una generación entera.

"He aquí lo que el Señor ha proclamado hasta los
confines de la tierra: «Digan a la hija de Sion:
'¡Ahí viene tu Salvador! Trae su premio consigo;
su recompensa lo acompaña'»".

—ISAÍAS 62:11

ENVIADO CON UN PROPÓSITO NOBLE

Mientras el Ministro de las Finanzas me hablaba, comenzó a explicarme que para que Jesús herede el mundo en una generación, se enviarán personas con propósitos celestiales hacia cada ámbito y cultura de la tierra. Él me explicó:

—El plan de Dios es utilizar a personas involucradas en negocios, Internet, medios, entretenimiento, política, educación, medicina, medio ambiente, ciencias, música y servicios militares. Aquellas personas humildes que lleven el propósito de Dios se filtrarán prácticamente en cada tipo de actividad humana. Los cinco ministerios serán para cada zona y ámbito del mundo en donde moren los que siguen al Señor. No se limitará a estructuras concebidas por los seres humanos, sino que irán a donde sea que habite el Espíritu. El fruto de los cinco ministerios es eterno y los cinco gobiernos transcienden gran parte de la mentalidad terrenal que espera su novia y que cree que serán.

El Ministro de las Finanzas habló sobre la novia con gran afecto. No nos reprendía ni sonaba ofendido. En cambio, estaba emocionado por la revelación celestial que se develaría al llevar a la novia a su propósito eterno.

Luego, el Ministro de las Finanzas tocó mi cabeza y entendí que los líderes apostólicos estarán en la industria del entretenimiento, los líderes evangelistas en la política, los líderes pastorales en la educación, los ministros proféticos en las ciencias, los maestros en las artes, etc. En otras palabras, los papeles que constituyen el Reino no se limitarán a la forma tradicional de la iglesia del Occidente, sino que también edificarán el Reino de Dios en cada aspecto de la sociedad.

Si un apóstol es aquel que construye el reino de Dios ayudando a gobernar y administrar la actividad del Espíritu Santo en la tierra, ¿por qué limitar este papel a las posiciones ministeriales dentro de las paredes de las congregaciones tradicionales? Un ejemplo de un constructor apostólico en una posición ministerial no tradicional es un amigo que tiene un llamado apostólico y ha comenzado a introducir en la industria del entretenimiento los valores del Reino. Él apoya a las agencias de producción cinematográfica tanto con su visión como sus finanzas, plantándolas en Hollywood mediante la oración, los estudios bíblicos y la evangelización.

Es el padre de una generación de artistas que están por debutar. Con señales, prodigios y corazón de padre, introduce mandatos del Reino en el sector empresarial (que se ha vuelto su congregación). El Reino se propaga como el fuego.

El llamado máximo para todos los que conocen al Señor es entregarle a Jesús todo lo que le pertenece. No se limita a pasar tiempo en actividades religiosas patrocinadas por ministerios y organizaciones; si bien estas son valiosas, necesitamos tener un número equitativo de llamados en cualquier ámbito. Esto conlleva a construir el templo de Dios en medio de todos los pueblos, naciones, tribus y lenguas, para así extender el dominio de Dios por todos los lugares posibles.

LOS CINCO MINISTERIOS Y EL NUEVO ODRE

Entonces vi un odre de cuero nuevo que se asemejaba a una piel enorme. Supe que esta era una imagen del odre nuevo (Mateo 9:17). Era cuero viviente, fresco y rosa, conformado de personas en vez de estructuras muertas y secas.

Los nuevos odres para el cuerpo de Cristo nacerán de este entendimiento revolucionario de los cinco ministerios. Este odre nuevo comenzará a manifestarse con autoridad total en los ámbitos seculares, lo que catalizará una expansión del Reino como nunca antes se vio.

Las actuales paredes divisorias, inmensas y afianzadas, entre las operaciones seculares y ministeriales dentro de la iglesia, convergerán en un flujo sinérgico. Las unas dependerán de las otras como debería ser. El ángel prosiguió:

—Aquellos en posiciones seculares empresariales y financieras no son los equivalentes a aquellos en posiciones ministeriales. Para volverse uno, no deben unirse ni asumir dos identidades, pues ya son lo mismo y uno. Jesús es su equivalente. Ellos deben ser uno y luego unirse a Él.

El ángel describía una verdad imprecisa. Mientras hablaba, entendí que una confusión se ha expandido descontroladamente en la iglesia que afirma que los papeles seculares y ministeriales están separados. Algunos líderes, en seguimiento de la teología de "rey y sacerdote", han buscado forjar una unión entre los dos mediante el énfasis en las diferencias entre estos dos papeles. Han relacionado las actividades sacerdotales con el ministerio y las actividades reales con las carreras seculares, pues así, quizás los dos parecerían depender más el uno del otro. Esto tiene algo de veracidad, pero esta enseñanza puede ser divisiva y delegar demasiado control a uno u a otro.

El Ministro de las Finanzas fue claro cuando me dijo que el cielo ve los papeles de los seres humanos como partes iguales del mismo cuerpo. No debemos creer que estamos unidos: ya somos un cuerpo. Juntos, nos están preparando para que nos unamos a Jesús.

LA MENTALIDAD HEBREA

Los creyentes tienden a tener dificultad para integrar sus papeles en la vida. Por lo general, no sabemos cómo desempeñarnos en todos los aspectos de la vida rigiéndonos por misma mentalidad sobre el Reino. Si nuestra identidad en nuestro trabajo secular no coincide con nuestro ministerio para Dios, la forma como abordamos las actividades diarias en cada ámbito se fragmenta. Al dividirse en compartimentos nuestras vidas, nuestro desempeño no fluye desde nuestro centro espiritual, el cual depende de Él.

Dios le otorgó a la cultura hebrea verdades muy completas sobre cómo desempeñarse sin separarse de uno o de otros miembros de la comunidad propia. La mentalidad hebrea no hizo compartimentos, ni separó un área de la vida de otra. De hecho, con esta mentalidad se enseñó (y en algunos círculos judíos todavía se enseña) la forma más holística de vivir, en donde todo en la vida está conectado y fluye en conjunto.

Por otro lado, la mentalidad griega (la que adoptó todo el mundo occidental) en realidad causa que uno tenga modos distintos de operar para cada actividad diferente. No es simplemente un modo diferente de procesar y pensar al estilo de la mentalidad hebrea, sino que, de hecho, contradice la forma en que deberíamos actuar, la verdad que deberíamos pensar y la vida que deberíamos vivir según lo previsto por Dios.

Frecuentemente, las personas con mentalidad griega asumen una "personalidad" diferente para hablar por teléfono de la que tienen cuando les hablan a sus hijos. O tienen una mentalidad estratégica para los negocios, pero no saben cómo hacer uso de esa misma estrategia para sus relaciones familiares.

Sin embargo, en la cultura hebrea, uno aprende una serie de principios y los aplica en todos los aspectos de la vida, y no los separa para las diferentes funciones y relaciones. Por eso, los estudios bíblicos tienen una importancia añadida, porque nos capacitan en la mentalidad hebrea.

No obstante, antes de que esta expansión celestial pueda ocurrir en el mundo físico, los individuos deben expandir su espíritu para que puedan integrar los fines nobles de Dios. 1 Corintios 2:16 afirma que podemos tener la "mente de Cristo". Dios busca personas que estén dispuestos a librarse de la mentalidad griega común. Su deseo es que estemos completos para que podamos alcanzar nuestro llamado superior al alinear nuestros corazones con sus propósitos nobles.

Pablo le instruyó a Timoteo que fuera un instrumento divino:

"En una casa grande no solo hay vasos de oro y de plata, sino también de madera y de barro, unos para los usos más nobles y otros para los usos más bajos. Si alguien se mantiene limpio, llegará a ser un vaso noble, santificado, útil para el Señor y preparado para toda obra buena".

—2 TIMOTEO 2:20-21 (NVI)

LIBERACIÓN DE PRUEBAS PERSONALES

Cuando terminó esta segunda visita y las visiones correspondientes, estuve totalmente deshecho. Ni siquiera podía contarles a mis amigos lo que había sucedido. Jamás imaginé que Dios me daría un testimonio personal de sus intenciones con la liberación de recursos divinos para mi vida. Estaba por transitar la parábola profética de lo que había vislumbrado en el reino espiritual.

Sin saber sobre mi encuentro visionario, Dios había hablado con mis amigos claramente aquella mañana. Debían comprarme un auto nuevo para mi ministerio, porque a mi auto viejo ya no le quedaba mucho tiempo. Se esforzaron mucho para averiguar en secreto exactamente qué clase de auto quería, y así poder sorprenderme.

Cuando me lo dieron, fue algo tan profundo, y no solo porque era una provisión extravagante, sino porque era una prueba. Para mí, los autos son nuestra búsqueda espiritual personificada —el papel profético que el destino tiene a través de nosotros en nuestro viaje por la vida—. Los coches son una metáfora de nuestro llamado; es como nuestro espíritu se mueve en Dios. Por eso, en el lenguaje profético, los coches a menudo representan ministerios u ocupaciones, y supe que esta "imagen" indicaba que Dios deseaba que yo aceptara un ministerio u ocupación superior.

También supe que esto llegaba al final de un periodo largo en el que Dios venía adecuándome a su imagen, a sus planes y a su carácter. Para mí mismo, yo moría al sacrificar con dolor mis propios planes para poder aceptar los del cielo. Claro que aún no había alcanzado la perfección espiritual, pero esta prueba se liberó al final de aquel periodo largo y difícil como imagen de lo que vendría en mi relación con Dios. Supe que habría un precio que pagar por proceder en la unción, pero valdría la pena. Incluso cuando recibí esta prueba, supe que el premio futuro de cooperar en amistad íntima con Jesús valdría todas las pruebas y el sufrimiento.

Mientras pensaba en lo que Dios me decía, discerní dos mensajes:

1. *Dios proveerá a su pueblo "vehículos nuevos"—en otras palabras, una renovación o instalación nueva de un llamado espiritual para lograr los deseos de sus corazones—pero lo hará mediante el Espíritu del Poder.*

2. *Dios liberará pruebas desde el cielo que nos afectarán a nivel muy personal mientras más nos acercamos a Dios. Estas pruebas son más que simples provisiones; ayudan a avanzar la dinámica del Reino descrita en este libro.*

El Espíritu Santo me recordó el encargo que se les dio a los vencedores en la iglesia de Tiatira:

"Al que salga vencedor y cumpla mi voluntad hasta el fin, le daré autoridad sobre las naciones".

—APOCALIPSIS 2:26 (NVI)

Si vencemos al espíritu del mundo en cualquier ocupación que elijamos, Dios nos dará dominio y poder (un medio nuevo para ejercer un papel superior que el que está disponible en el mundo físico). Dios coloca a aquellos que celebran un acuerdo con el cielo en papeles de autoridad que superan considerablemente lo que cualquier simple ser humano puede ofrecerles. Como lo observó Pablo en Efesios 1 y 2, es importante entender esta autoridad para que podamos vencer la dinámica necesaria para alcanzarla, incluso en medio de las ocupaciones seculares.

POSTURA DE HUMILDAD

Para calificar para el gran propósito de unirse a Dios, debemos pasar por un proceso. No importa si ya tienes experiencia como líder y recursos, o si recién empiezas el "viaje hacia la promesa". Debes pagar un precio antes de que Dios te dé autoridad (un medio para tu fe) sobre el Reino, y así distribuyas la inversión para llamar al frente a los preciados de Dios.

Hoy en día, muchos en nuestra cultura han sido llamados a producir riqueza mediante el Espíritu de la Fuerza. Durante mi visita del Ministro de las Finanzas, él abrió la Biblia y señaló una escritura del Antiguo Testamento que expandió mi comprensión de esto:

"No se te ocurra pensar: «Esta riqueza es fruto de mi poder y de la fuerza de mis manos». Recuerda al Señor tu Dios, porque es él quien te da el poder para producir esa riqueza; así ha confirmado hoy el pacto que bajo juramento hizo con tus antepasados".

—DEUTERONOMIO 8:17-18 (NVI)

El mundo occidental tiene una plaga de orgullo. Se nos ha asignado gracia abundante para poder prosperar. En los Estados Unidos, especialmente, un flujo de riqueza sobrenatural yace en el suelo. Tenemos recursos naturales (sumados a bendiciones prestigiosas tanto intelectuales como creativas) los cuales han conducido a invenciones innumerables y riqueza.

Muchos (incluso en el cuerpo de Cristo) no han reconocido esta gracia. Creen que su propia fuerza ha producido estas riquezas. Pero nuestras manos no son capaces de hacerlo sin la gracia divina. Los creyentes incluso han escrito libros y predicado sermones que ofrecen modelos detallados de sus logros con estrategias. Pero, con frecuencia, desvalorizan el amor y la provisión sobrenaturales de Dios que permitieron sus emprendimientos.

Piensa en cómo sería si no tuviéramos esta gracia divina en el Occidente. Probablemente nos volveríamos como muchos países tercermundistas que han sido tomados rehenes por la pobreza y el hambre. Quizás tomaría tiempo que nuestras estructuras económicas colapsaran, pero sería obvio para todo el mundo que teníamos una bendición divina y que esta bendición ya no estaba presente. Por eso es tan importante que nosotros (especialmente los individuos en el ámbito secular) nos volvamos humildes.

Es emocionante oír que Dios nos ha dado (mediante su Pacto) la capacidad de producir riqueza. Ahora, más que nunca antes, creo que esto es cierto, y si podemos coincidir con el propósito de esa riqueza según el Pacto, entonces podremos lograr avances rápidos que desconcertarán al mundo.

NI POR FUERZA NI POR PODER

"'No será por la fuerza ni por ningún poder, sino por mi Espíritu', dice el Señor Todopoderoso" (Zacarías 4:6 NVI). Esto iba dirigido a Zorobabel, el gobernador de Judá que recibió un llamado para reconstruir el templo de Dios. Se le prohibió a Zorobabel confiar en recursos humanos para llevar a cabo dicha tarea. En cambio, dependía de Dios para recibir las provisiones financieras y mano de obra para esta empresa. Zacarías 4:6 se ha vuelto un cliché en los círculos cristianos. Muchos no saben que trata sobre una advertencia en Deuteronomio 8:17.

Quizás te digas: "El poder y la fuerza de mis manos produjeron esta riqueza para mí".

Puede que te sorprenda, pero estos dos versículos están unidos; el reto de Zacarías se refiere a la advertencia de Moisés en Deuteronomio de que siempre recordara que Dios es la fuente de vida. Darnos cuenta de esto es crucial para nosotros en la actualidad, porque debemos entender que dependemos exclusivamente de la unción, que se origina del deseo de Dios de proveer a quienes gobierna.

Incluso en el mundo físico, todo viene del Creador. El enemigo solo puede manipular, controlar o falsificar las cosas de Dios, seduciendo a los humanos para que se rebelen. El enemigo no puede crear riquezas o iniciar estrategias para atraer riquezas nuevas. Solo puede manipular a la humanidad para que haga concesiones o influenciar al corazón malvado que habita en los hombres y mujeres, y así pervertir el espíritu creativo. Santiago lo entendió así:

"Toda buena dádiva y todo don perfecto descienden de lo alto, donde está el Padre que creó las lumbreras celestes, y que no cambia como los astros ni se mueve como las sombras".

—SANTIAGO 1:17 (NVI)

Antes de que naciéramos, Dios nos consideraba. Antes de que necesitáramos ser redimidos, Dios comenzó a planificar nuestra existencia (los dones y talentos que nos otorgaría). Sembró en nosotros la capacidad de crear reinos físicos basándonos en la inspiración que el Espíritu colocó en nuestra naturaleza. Dios jamás se arrepintió de nadie que haya creado en la tierra. Todavía libera las capacidades que había planeado para cada uno de nosotros, porque era parte de su plan y naturaleza crearnos a su imagen y semejanza (Génesis 1:26). Pablo lo entendía y escribió:

"Porque las dádivas de Dios son irrevocables, como lo es también su llamamiento. De hecho, en otro tiempo ustedes fueron desobedientes a Dios; pero ahora, por la desobediencia de los israelitas, han sido objeto de su misericordia. Así mismo, estos que han desobedecido recibirán misericordia ahora, como resultado de la misericordia de Dios hacia ustedes. En fin, Dios ha sujetado a todos a la desobediencia, con el fin de tener misericordia de todos. ¡Qué profundas son las riquezas de la

sabiduría y del conocimiento de Dios! ¡Qué indescifrables sus juicios e impenetrables sus caminos!".

—ROMANOS 11:29-33 (NVI)

Yo creo que Pablo anuncia que Dios utilizará a su pueblo para demostrarle al mundo misericordia, aunque aquellos en el mundo hayan utilizado sus dones para fines inferiores y que no son entregarle a Jesús lo que es de Él ni ser aliados del cielo. Cuando las personas siguen el camino de sus dones y llamados en la tierra enfocados en los planes del cielo, todo el mundo queda bajo una bendición espiritual poderosa. Esta es una de las formas en que la misericordia de Dios se demuestra a los infieles.

No está en la naturaleza de Dios controlarnos, por eso si comenzamos a trabajar de un modo inferior que aquel para el cual fuimos diseñados, Él solo nos puede invitar a un lugar superior. Si no respondemos a Dios cuando nos convoca, entonces nos transformamos en obstáculos por nuestros propios deseos egocéntricos. Incluso personas cristianas buenas pueden volverse enemigos de lo que Dios desea lograr. Si tus planes y voluntad no imitan los suyos, entonces estás en contra de Él. Es por eso que es tan importante dejar que nuestro espíritu y entendimiento sean disciplinados por la palabra de Dios para que podamos entender sus deseos y voluntad.

La razón principal por la cual nuestros deseos no coinciden con aquellos del cielo es que estamos motivados por el materialismo y el orgullo. A Satanás le encanta aprovecharse de esto y manipularnos. Es posible que utilicemos los mismos atributos que Dios nos ha dado para adquirir un estatus egoísta que es contraproducente.

En la Biblia, Job y los profetas le hicieron a Dios una pregunta que el responde con detalle exquisito: "¿Por qué prosperan los malvados?". En esencia, hay muchas respuestas, pero todas se reducen a un denominador en común: los malvados prosperan porque Dios no controla la naturaleza humana. Solamente nos invitará a sus afectos.

Dios mira el panorama de la eternidad. No se siente amenazado cuando la humanidad interviene. Nos dio libre albedrío, para bien o para mal. Él es omnipotente y puede maniobrar o interrumpir cualquier dinámica humana en formas que no entendemos.

Los desobedientes ahora prosperan solamente en una economía terrenal muy limitada. Sin embargo, Dios nos llama a vivir una economía muy superior: la del cielo. Cuando comiences a prosperar en el programa de gestión de dinero del cielo, jamás codiciarás la prosperidad terrenal. Jamás reivindicarás justicia rogándole a Dios que sus provisiones naturales satisfagan tus necesidades terrenales. En cambio, anhelarás incluso más provisiones del Reino, las cuales no solo satisfarán tus necesidades terrenales sino mucho más, porque te atarán al latido del cielo.

CAPÍTULO SEIS

LA ECONOMÍA DEL CIELO

"El Señor bendecirá tus graneros, y todo el trabajo de tus manos. El Señor tu Dios te bendecirá en la tierra que te ha dado".

—DEUTERONOMIO 28:8 (NVI)

En 1997, tuve una experiencia sobrenatural que marcó drásticamente mi vida. Fui transportado a un reino celestial y llevado a un depósito enorme. Era tan inmenso que me fue imposible encontrar los bordes del cuarto (no podía distinguir el techo ni las paredes) aunque la habitación estaba cerrada. Jamás he vuelto a ver una estructura tan inmensa. Me hizo pensar en cuánto espacio hay en el corazón eterno de Dios.

Se le ordenó al ángel que supervisaba el depósito que me mostrara el lugar. Mientras me daba un recorrido por diferentes secciones del edificio, la curiosidad se apoderó de mí.

—¿Qué es este lugar? —pregunté.

Sus ojos se iluminaron. Sonrió y respondió:

—Este es el depósito del cielo. Todas las provisiones que alguna vez serán necesarias en esta era para que Jesús reciba la plenitud de su herencia están aquí, listas y a la espera de aquellos que deseen unirse a Él y que las evoquen.

Quedé anonadado. La revelación de esta provisión abundante y planificada era demasiado como para comprenderla. Dios, nuestro Padre, no solo nos conocía desde antes de que siquiera estuviéramos en el vientre de nuestras madres, sino que diseñó un plan integral de provisiones que durarían hasta el regreso de su Hijo. Quedé cautivado por la maravilla de Dios, por haber creado literalmente una provisión para nosotros que es tan real, que lo único que debemos hacer es reclamarla. No es de extrañar que Jesús nos haya enseñado a pedirle al Padre que manifestara todo lo que necesitamos en la tierra ¡como en el cielo! ¡Pues realmente existe allí ahora!

El ángel y yo paseamos por el depósito del cielo por un rato y miramos muchos tipos de provisiones. Mencionaré algunas de las áreas que me mostró, solo para ofrecerte una perspectiva de lo que tenemos a nuestra disposición. Espero que mientras leas esto Dios comience a infundir un deseo en el interior de tu corazón de inspeccionar el depósito tú mismo.

EL DEPARTAMENTO DE MILAGROS CREATIVOS

El ángel y yo caminamos por pasillos de gloria. No era como ningún otro lugar en el que hubiera estado. Mi mente casi me dolía por solo intentar absorber todos aquellos horizontes impresionantes. En cierto momento, llegamos a un cuarto dentro del depósito más grande que me recordaba a una feria a la que asistí una vez.

Los pasillos en este cuarto eran tan grandes que no puedo describir todo lo que vi. Una sección estaba dedicada al cuerpo físico. Pasillo tras pasillo, se exhibían partes corporales de todo tipo. Caminé por un pasillo y hallé una pierna. Era una de cientos de miles de piernas alineadas en un estante que, en cierta forma, casi me recordaban a algo que uno encuentra en una carnicería.

La pierna que noté tenía una etiqueta colgando del dedo pulgar. Pero después me di cuenta de que todas las piernas en el pasillo tenían etiquetas. La etiqueta específica que leí tenía el nombre de una mujer y tenía la fecha en que sería entregada. ¡Esta mujer en la tierra literalmente volvería a caminar algún día! ¿Puedes concebir que Dios ya haya preparado provisiones de las distintas extremidades y que todo lo que necesitamos es la fe para que se manifiesten?

Miré a mi compañero angelical y le pregunté:

—¿Qué es este cuarto? —Sentí ganas de llorar.

—Este es el departamento de milagros creativos —me respondió.

No era necesario explicar nada más. A mi alrededor había ojos, orejas, dientes, cabellos, dedos de los pies y de las manos, huesos, músculos y órganos, ¡tantas partes del cuerpo! Y todas estas partes del cuerpo constituían solo una sección del Departamento de Milagros Creativos. Además, había muchas otras clases de milagros creativos.

MANÁ CELESTIAL

En otra sección, noté que algunos ángeles preparaban comida. Todos los tipos de carne saludables para el consumo humano colmaban la mesa. Había acumulada una cantidad inmensa de pan, avena, leche, agua y verduras. Era una gran preparación e inmediatamente pensé en la cena de las bodas del Cordero en Apocalipsis 19:9.

—Sé lo que estás pensando, pero los alimentos no son para su banquete —dijo el ángel—. Estas comidas serán convocadas y entregadas por provisión y multiplicación milagrosas a los pobres de la tierra y los pobres en espíritu.

Instantáneamente, me sentí conmovido. El ángel también me explicó que una sección entera estaba reservada solo para comida de animales. Esto tenía sentido, especialmente por aquellas personas que viven en países perseguidos y que no pueden alimentar a sus familias, y mucho menos a sus animales de granja o mascotas. ¡Dios tiene una provisión incluso para los animales a los cuales dominamos!

Para toda esta provisión es obvio que tendremos que profesar una gran fe en el mundo. Veremos una provisión milagrosa en los países y pueblos que más lo necesitan. Habrá manifestaciones a un nivel más visible que les demostrará, especialmente a los pobres, que Dios es un Dios sobrenatural de amor. En varias ocasiones, a lo largo de la historia, se ha descrito la multiplicación o la provisión sobrenatural de alimentos, en su mayoría en naciones del Tercer Mundo.

Sé que *Iris Ministries* en Mozambique, África, ha experimentado este fenómeno muchas veces, al igual que nuestros estimados amigos de *Global Children's Ministries*. Estas entidades han visto la multiplicación no solo de alimentos, sino de vestimenta también. Les pregunté por qué pensaban que Dios les concedía este milagro a ellos, cuando hay tantos que mueren de hambre todos los días. La opinión que me expresaron fue que dependían de que Dios manifestara su bendición de forma sobrenatural debido a las necesidades urgentes de las personas. Por eso, no estaban construyendo solo con una empresa humanitaria sino de una forma que exigía una respuesta del cielo.

Continuamos hablando y seguí a mi amigo angelical, pasando por diversas e impresionantes exquisiteces hacia otra sección que empequeñecía a las anteriores.

UNA DIMENSIÓN DE FE SOBRENATURAL

Estamos caminando hacia una nube de color y luz que se asemejaba a las imágenes capturadas por el telescopio Hubble. El ángel me invitó a poner pie en la nube. Al hacerlo, me hallé en medio de una luz magnífica. Era como si hubiese puesto pie en el corazón del Padre. La luz me alumbró por dentro y me empoderó con fe creativa.

Este es el lugar del corazón de Dios que todos ansían ver. Era el reino de la fe que, en muchas formas, es difícil de describir. Mientras estuve en este reino, pude creer en cualquier milagro creativo de provisión que equipase a una persona para su destino. Había otras personas en la nube; parecían estar orando en la tierra, pero accediendo a este lugar del corazón de Dios de algún modo. Mientras oraban de acuerdo con lo que estaba disponible en el cielo, el reino limitado natural se expandía para recibir el poder milagroso de Dios.

En este lugar, sentí que podía pedirle a Dios cualquier cosa: dinero, milagros creativos, mover montañas, ¡cualquier cosa! Luego, con la misma velocidad con la que puse pie en la nube, estaba de nuevo en el depósito al otro lado. Miré a mi amigo angelical con asombro. No había viajado dentro de la nube conmigo.

—Ese es un lugar en el corazón del Padre reservado para los humanos —me explicó. Me di cuenta de que Dios había designado que nosotros estemos en comunión con su corazón de una forma en que ni siquiera los ángeles podían.

CUARTOS DE ARQUITECTURA DIVINA

A continuación, nos transportamos a una zona diferente del depósito.

—Bienvenido a los cuartos de la arquitectura divina —anunció mi compañero angelical.

Había modelos en miniatura de edificios por doquier. Vi materiales que estaban preparados completamente para las obras arquitectónicas y nuevos tipos de estructuras y edificios que estaban construidos para soportar los desastres globales.

Mientras pasábamos por las edificaciones en miniatura, vi cuadras enteras de ciudades con planes demográficos nuevos del cielo. Cuando miré más atentamente, me di cuenta de que estas cuadras estaban como vivas, con gente y tráfico. Parecía que ya existieran en formas acabadas. Los planes de Dios son así de completos, y solo es necesaria nuestra aceptación para que se manifiesten en nuestra generación.

Había mesas circulares cubiertas de planos y planes para varios tipos de edificios que se construirían para glorificar a Dios: estadios, lugares para orar, empresas, escuelas y hospitales.

Si bien algunos de los proyectos de construcción eran nuevos, otra sección contenía planes de remodelación para hospitales, escuelas, estadios, bancos, edificios políticos, oficinas, empresas, parques de diversiones, teatros, estudios cinematográficos actuales y una serie de otros tipos de edificios. Dios tenía listas y listas de edificios que planeaba dirigir para propósitos del Reino. No podía creer cuántas cosas Dios deseaba poseer que actualmente existen en la tierra.

Cada plan tenía un sello. Algunos de los sellos tenían fechas y nombres, y otros solo tenían nombres, pero también había algunos sin sellar. Estos estaban esperando a quien fuera que se comprometería con ese plan para convocar su nombre y el propósito de Jesús. ¡Qué oportunidad y qué gran ocupación ser un arquitecto con acceso a la arquitectura divina del cielo!

LA SECCIÓN DE INVENTOS CREATIVOS

Después de esto, el Espíritu nos transportó rápidamente a una sección diferente llamada Inventos Creativos. Aunque era un área inmensa, parecía que cada lugar al que ingresábamos se volvía más grande. Las luces y los colores daban vueltas y el Espíritu Santo parecía flotar y destellar como relámpago. De algún modo, supe que el Espíritu Santo había visitado a muchas personas en sus mentes e imaginación mediante los mismos destellos que yo estaba presenciando en el cielo. Él enciende la capacidad de inventar y crear lo que yo veía en este depósito.

Todo tipo de tecnología se veía representada aquí: agrícola, informática, médica, etc. Muchas curas para muchas enfermedades estaban en esta sección. Había juguetes, dispositivos de sonido, video y otros medios. Había miles de materiales básicos ya conocidos por la humanidad que podrían combinarse en configuraciones nuevas para crear avances revolucionarios en la tierra. El Espíritu de la Revelación tendría que revelar las distintas combinaciones.

Los ángeles cuidaban ciertos inventos. Intenté discernir por qué existían guardias en esta zona, y luego noté que algunas personas intentaban acceder ilegalmente a ellos con brujería para robarlos. No creía que el enemigo fuera tan atrevido, pero cuando observé uno de los inventos, comencé a entender el motivo.

En una visión, vi que Dios envió un ángel a la tierra y le ofreció a un cristiano una invitación para administrar un invento. El hombre comenzó a crear el invento, pero tuvo problemas con las finanzas y sus relaciones dado que el proyecto tenía que ver con un conflicto armado. En vez de interceder y pedirle a Dios provisiones y protección, el hombre permaneció inmerso en su trabajo y cerró su corazón al cielo.

Durante este tiempo, un hombre muy rico fue enviado por una fuerza demoníaca a conocer a este cristiano. El hombre rico se ofreció para financiar el invento del hombre. El cristiano imperiosamente aceptó, pero luego, cuando cerraron el trato, el hombre rico le robó la tecnología dado que había manipulado el contrato comercial a su favor. Como había perdido la fe en la provisión del cielo y en la lealtad de Dios, el cristiano se sintió tan desesperado que con imprudencia hubiera firmado casi cualquier contrato. Fue así como el enemigo le robó e hizo uso de un sistema de comunicación preciado e inspirado por la fuerza divina; el cual Satanás ha utilizado para ultrajar con todas las formas de perversión a la humanidad en todo el mundo. Después de esto, entendí por qué había guardias que cuidaban esta y otras zonas del depósito celestial.

El mismo Espíritu creativo que inventó la ciencia también inventó las artes. En la misma sección, recorrí cuartos y cuartos que estaban dedicados específicamente a las artes creativas. Se necesitaría un libro para describir esta sección de arte. Como se aproxima una liberación tan asombrosa de las artes del cielo sobre la tierra, aparecerán centros de artes creativas en las ciudades de todo el mundo, los que redefinirán los límites entre los diferentes medios artísticos y su expresión y almacenarán muchas formas de expresión artística en un único edificio.

EL DEPÓSITO DE MÚSICA DEL CIELO

Al borde de la sección de artes creativas había una cuarta sección: el depósito de música del cielo. Estaba en pleno uso.

La sección de artes musicales era especialmente interesante porque se superponía con el mismo cuarto del trono en el cielo. Se tocaban tantos instrumentos y se cantaban tantas canciones que hubiera sido caótico, pero mi espíritu podía discernir con facilidad una variedad de estilos y géneros diferentes. Había una invasión de sonidos que aún no han sido creados, acompañados de instrumentos modificados e incluso nuevos. Se habían escrito libros de canciones llenos de expresiones nuevas para liberar a los corazones y atraerlos a una intimidad mayor con Dios. La cantidad de libros con canciones parecía infinita y todas complacían a Dios inmensamente. Él es el único que podía contar los montones y montones de canciones que aún quedan por escribir. El rey Salomón había tocado este reino creativo. Es renombrado por haber escrito más de mil canciones que glorifican a Dios a lo largo de su vida. ¡Imagina cuando una generación entera acceda a esta esfera celestial!

Los ángeles que tocaban las canciones compuestas por el Espíritu Santo en el cuarto del trono podían bajar a la tierra y enseñarles estas canciones a los demás. En algunos casos, llevaban personas al cielo para que oyeran los sonidos indescriptibles recién creados en el aire de este lugar impresionante.

También noté que aparecían demonios que intentaban plagiar y robar estos sonidos y canciones celestiales. Podían soportar la atmósfera por solo unos segundos, pero igualmente intentaban imitar lo que habían oído y ofrecían una interpretación horrenda para las personas sobre la tierra, quienes entonces lo distorsionaban y lo pervertían para ofender a Dios. Este era el golpe preferente de Satanás en contra de las industrias de la música que Dios deseaba inspirar.

No obstante, los ángeles guardianes del cielo, armados con una especie de matamoscas gigante, buscaban a los intrusos demoníacos. Suprimían a los enemigos que intentaban robar, así sea un vistazo o escuchar la sección de artes musicales. Estos intentos demoníacos no podían hacer nada para frustrar la música celestial y poderosa seleccionada para la liberación en la tierra. Las extorsiones satánicas no eran efectivas para dañar el Reino de Dios de forma permanente.

UNA IMAGEN DE LA ECONOMÍA DEL CIELO

Caminamos por otras secciones del depósito. Solo pasamos por varias, pero pude ver que estaban allí. Se podrían escribir tantos libros sobre ellas, como para llenar estantes. Nombraré algunas para despertar tu imaginación:

- Una sección de indumentaria para vestimentas que son un reflejo del cielo.
- Una sección de cultivos para heredar estrategias divinas sobre cómo alimentar a la tierra y administrar los alimentos.
- Una sección educativa con enseñanzas creativas para estudiantes jóvenes y ancianos.
- Una sección profética con revelaciones múltiples tan solo esperando su nacimiento en la tierra.
- ¡Y muchas más!

Al final de mi recorrido, el ángel a cargo del depósito me dijo:

—Este depósito es una imagen, o una metáfora de cómo funciona la economía del cielo.

Como dije antes, mi corazón estaba colmado con el entendimiento de que todo lo que necesitamos para entregarle a Jesús su recompensa plena ya ha sido preparado por el Padre. ¡No se guardará nada! El Padre ha creado cuidadosamente estas provisiones en el reino espiritual del cielo. Solo es necesario que aquellos que tengan ojos para ver (es decir, todos quienes elijan unirse a Dios) las reconozcan y luego las reciban.

Jesús está en el cielo intercediendo por nosotros. Está orando para que se abran nuestros ojos espirituales y así veamos todo lo que nos espera como recompensa. ¿Puedes visualizar a Jesús sentado a la derecha del Padre contemplando a la tierra y a los que ama? Él sabe lo que tenemos a nuestra disposición y él está pidiendo y orando por nosotros por cada oportunidad, recurso y manifestación espiritual ofrecida como inversión. Los ejércitos angelicales están esperando para ayudarlo a encomendarles a los guerreros humanos la extensión de su Reino. Esto es lo que constituye la economía del cielo.

Creo que el profeta Joel vio la liberación de esta economía en la tierra cuando predijo:

"Después de esto, derramaré mi Espíritu sobre todo el género humano. Los hijos y las hijas de ustedes profetizarán, tendrán sueños los ancianos y visiones los jóvenes. En esos días derramaré mi Espíritu aun sobre los siervos y las siervas. En el cielo y en la tierra mostraré prodigios: sangre, fuego y columnas de humo".

—JOEL 2:28-30 (NVI)

Dios liberará una generación entera de personas que siguen a su Espíritu y aman al objeto de deseo del Padre: su Hijo. Contemplaremos maravillas en el cielo y las evocaremos para atestiguar la gloria de Dios en la tierra. Nos moveremos con el poder creativo del Espíritu Santo imitando a Dios:

"... en el Dios que da vida a los muertos y que llama las cosas que no son como si ya existieran".

—ROMANOS 4:17 (NVI)

Cuando conocemos el verdadero deseo de Dios y cuando experimentamos más de su plenitud en nuestras vidas, podemos comenzar a movernos con su autoridad y evocar todo en testimonio del poder pleno en la tierra como en el cielo. Como Jesús entendía esta dimensión de la unidad, nos instruyó que oráramos y que esperáramos ver resultados.

Cuando caminó sobre la tierra, Jesús caminó en acuerdo absoluto con los planes del Padre. Oró, ayunó y estudió las Sagradas Escrituras para comprender el corazón del Padre y así poder mostrarle ese corazón a la tierra. Su unión con el Padre no estaba basada solo en conocimientos. Fue un vínculo espiritual que le permitió anticipar los deseos del Padre. Él nos instruyó que oráramos por esta misma unión y que esperáramos ver resultados. Pero para moverse con este tipo de autoridad, primero debemos encontrar Su deseo. Debemos operar en unión con Su corazón. Un depósito lleno de recursos les espera a aquellos que vivan conectados al corazón del Padre. Así es la economía de Dios, ¡declarar lo que no existe como si ya existiera!

Verás, Jesús tiene mucha prisa. No es impaciente ni ignorante... solo espera urgentemente. Su Padre le prometió el mundo como herencia (Salmos 2:8; Juan 3:16) y por eso, su deseo quedará insatisfecho hasta que se libere su herencia plena.

El Padre le prometió a Jesús dos cosas:

1. *Muchos seres humanos, por generaciones y generaciones, ingresarán al Reino de Dios.*

2. *En el punto culminante, una generación clamará para que se manifieste en la tierra la plenitud del plan de Dios.*

Dios prometió que la novia de Cristo clamaría entusiastamente (en concordancia con el Espíritu Santo) para que Jesús abriera los cielos y bajara hacia su destino y cosechara su recompensa plena.

"El Espíritu y la novia dicen: «¡Ven!»".

—APOCALIPSIS 22:17 (NVI)

EL DESEO ARDIENTE DEL CIELO

Todo el cielo comparte la espera de Jesús. Por eso, todo el cielo está dedicado al propósito de Jesús. El Padre le ha delegado al cielo que alabe a su Hijo y que con su alabanza también colaboren para ese mismo propósito. Por eso, se ha liberado una economía en el cielo en donde la administración y comunión con la llamada superior de Jesús se han unificado para que todo lo que le pertenece sea convocado. Los ángeles se deleitan con esta economía y también nosotros podemos compartir el mismo regocijo en comunión con el propósito del cielo.

Dios jamás autorizará que se construya un reino natural en nombre de Jesús si no tiene un enfoque en el propósito de la eternidad. En otras palabras, si una empresa natural no tiene como meta reflejar a Jesús y la gloria que se le debe, entonces no le pertenece. Dios no liberará nada de su depósito que no sea para cosechar el fruto eterno. Por eso, toda empresa no debe tener su comienzo ni su final en la tierra porque de ser así, pertenecerá a la tierra. Los tesoros divinos se deben almacenar en el cielo.

Jesús jamás deseó nada terrenal mientras estuvo en la tierra, a menos que fuera para la realización de su Reino. Seguramente no desea nada terrenal ahora que está sentado junto al Padre en el cielo. Él no deseaba autoridad ni dominio humano sobre la tierra porque algo más grande consumía su corazón. Sabía que debía permanecer en unión con el cielo y que luego toda la autoridad, poder y dominio le pertenecerían, sumado a cualquier título de autoridad que ya le perteneciera:

"... que Dios ejerció en Cristo cuando lo resucitó de entre los muertos y lo sentó a su derecha en las regiones celestiales, muy por encima de todo gobierno y autoridad, poder y dominio, y de cualquier otro nombre que se invoque, no solo en este mundo, sino también en el venidero. Dios sometió todas las cosas al dominio de Cristo, y lo dio como cabeza de todo a la iglesia. Ésta, que es su cuerpo, es la plenitud de aquel que lo llena todo por completo".

—EFESIOS 1:20-23 (NVI)

No habrá autoridad humana que haga coincidir a nuestro corazón con el corazón de Jesús. Esta autoridad solo viene del Padre.

Con frecuencia, los seres humanos se esfuerzan para obtener y hacer uso de la autoridad. Forman redes humanas, se enfocan en complacer a los demás, en conseguir puestos, en servirse a sí mismas, en meterse en la política y en dominar a otros. Esto describe a la cultura humana, a la economía terrenal.

Por otro lado, Jesús siempre demostró un modo diferente de vida. Él demostró que el amor ejerce la mayor autoridad y que puede desplazar a cualquier otra autoridad obtenida por medios humanos. Jesús creó una economía nueva cuya moneda es el ansia espiritual. Un apetito no solo por los adornos del cielo, sino por su esencia: ¡un anhelo de Jesús!

CAPÍTULO SIETE

LA JUSTICIA DEL CIELO

"¡Levántate, hija de Sion! ¡Ponte a trillar! Yo haré de hierro tus cuernos y de bronce tus pezuñas, para que conviertas en polvo a muchos pueblos, y consagres al Señor sus ganancias injustas; sus riquezas, al Señor de toda la tierra".

—MIQUEAS 4:13 (NVI)

Uno de los principios más profundos (y a menudo el más incomprendido) de la Biblia es la justicia. El sistema de justicia del cielo no se parece en lo más mínimo al del mundo. De hecho, la justicia en el mundo es uno de los blancos principales del abuso de Satanás. Si el enemigo puede destruir el sistema de justicia de una nación, puede pulverizar la esperanza y la fe en los corazones humanos y perpetuar toda actitud de maldad.

La justicia se demuestra cientos de veces a lo largo de la Biblia; no obstante, los hombres y las mujeres que leen las Sagradas Escrituras tienen conflicto para entenderla con gran frecuencia. La buena noticia es que la justicia es muy preciada en el corazón de Dios. Es uno de los canales principales mediante los cuales la economía del cielo se manifestará en los días por venir. Incluso cuando Dios emita sus juicios temporales afirmados en la Biblia, el pueblo del pacto, administrará Su compasión y los recursos del cielo como sea necesario.

Los Estados Unidos ha sido uno de los países que ha demostrado un ministerio de compasión muy real (aunque limitado) para el mundo. En épocas de crisis, los Estados Unidos ha ayudado a abastecer a las naciones menos privilegiadas en el mundo mediante varios portales de compasión y esperanza. Pese al hecho de que los Estados Unidos también ha fracasado en este ámbito repetidas veces, Dios ha sostenido a la nación por su compasión divina.

Aquellos tras el juicio, aquellos que sientan que tienen un pacto con el cielo, clamarán a Dios, porque verán su amor demostrado de forma sobrenatural. Lo imitarán en los ámbitos seculares ocultos por el humanismo. Pero a medida que la era del Reino se aproxime, el resto del pueblo de Dios habrá aprendido cómo administrar los recursos efectiva y eficientemente, para ofrecer alivio y consuelo a un mundo perdido y moribundo.

Cuando Jesús pagó el precio máximo en la cruz, todas las fuerzas en el universo quedaron subsumidas bajo Su jurisdicción. Toda dinámica natural se vio forzada a someterse a las leyes espirituales de Dios. Jesús recuperó las llaves de los reinos de la tierra. Como sus seguidores, debemos comenzar a operar de acuerdo con su autoridad superior. Una autoridad nacida de Su corazón de justicia y misericordia en el cielo.

A medida que la segunda venida de Jesús se acerca, veremos más énfasis en el sistema de justicia por parte de Dios y del reino de satanás. Ocurrirá una reversión total de muchos de los decretos demoníacos. Al mismo tiempo, el enemigo creará mandatos nuevos (y a veces más oscuros). El libro de Apocalipsis lo describe claramente. Las fuerzas demoníacas parecen ganar terreno, pero en donde Dios avanza con Su propósito, el enemigo queda rápidamente desbaratado. Una guerra está en juego para que el sistema de justicia del cielo prevalezca y los cristianos serán esenciales para influenciar la justicia gubernamental de las naciones y también la iglesia.

EL MOVIMIENTO DE DERECHOS CIVILES EN LOS ESTADOS UNIDOS

En enero de 2001, durante mi devocional, el Señor me instruyó que prenda la televisión. En ese momento, estaba en ayuno de medios (quería evitar la televisión y las películas durante un tiempo) y por eso me sorprendió que me indicará eso con tanta claridad en mi corazón. Intenté resistirme descartando el pensamiento como un deseo carnal. Pero después de unos segundos, mi tiempo de devocional se hizo monótono. Entonces corrí a la televisión y la prendí con la intención de ser obediente a sus instrucciones.

Se estaba transmitiendo un programa de noticias sobre un ministro y defensor político muy conocido que se dirigía a líderes de la ciudad de Kansas sobre el tema de derechos civiles. De repente, la voz audible del Señor invadió la habitación:

—Este hombre está abordando uno de los problemas que más preocupan a mi corazón de los Estados Unidos: el movimiento de derechos civiles. Pero intenta hacerlo para sus propios planes. Por ese motivo, estoy a punto de disminuir su voz de autoridad en esta tierra. Si no se arrepiente en las próximas dos semanas, voy a desenmascararlo a nivel nacional al revelar su pecado moral de adulterio. Después de eso, si aún no se arrepiente, pagará incluso un precio mayor pues le quitaré cosas preciadas para él, y se volverá solo la sombra de un hombre -

Un miedo estremecedor del Señor me recorrió, pero gracias a esta experiencia, comencé a entender la justicia del Señor. Aquí veíamos a un hombre que decía influenciar a la nación en nombre de la iglesia, pero que tenía sus planes propios y egoístas. Su discurso fue distorsionado y su impartición corrupta por su propia inmoralidad.

A Dios mismo le importan tanto los problemas de derechos civiles en los Estados Unidos que ya no podía permitir que este hombre continuara deshonrándolo. Por lo tanto, Dios permitiría que este hombre fuera desenmascarado para que las personas supieran que no estaba sirviendole a Dios realmente.

Compartí esto en la ciudad de Kansas a algunos pastores y líderes. El mensaje había indicado un plazo: dos semanas. Dentro de dos semanas, Dios desenmascararía el fracaso moral de este hombre. Más específicamente, Dios no permitiría que la voz de este hombre despertará luchas de demonios en nuestra ciudad, en donde el enemigo tiene un fuerte mover de racismo y opresión entre los grupos.

Dos semanas después, a mediados de enero, los noticieros de todos los Estados Unidos mostraban a una joven con el que este hombre estuvo en adulterio. Quedó totalmente desenmascarado, e incluso lo reconoció. Cuando ocurrió, sentimos pena por este hombre y sus circunstancias, pero también nos emocionamos porque Dios tomó medidas de autoridad en nuestra ciudad en nombre del movimiento de derechos civiles. ¡A Dios le importa la justicia mucho más de lo que a nosotros nos puede importar! Esta fue una de las imágenes más gráficas de justicia celestial para mí, y quedé marcado por el gran amor de Dios en mi espíritu.

A medida que nos encontramos y nos involucramos con los propósitos del cielo, Dios utilizará a los creyentes de todas las culturas para proclamar Su corazón sobre la tierra. El poder liberado por esta unión será similar a una bomba atómica espiritual, que afectará todo lo que pueda afectarse.

UNA GENERACIÓN EMERGENTE

La generación de jóvenes que padecerán por la falta de justicia celestial más que cualquier otra generación está por emerger. No será otra generación enfocada en las causas, como la que nació en los años setenta. En cambio, será una generación que clamará para que se le brinde la recompensa de Jesús.

Un ansia profunda azotará a esta generación entera y levantarán una protesta con ira en contra de la falta de justicia. El quejido de sus corazones se oirá como plegarias ante el trono de Dios y su pasión y efecto serán incomparables; con un gran parecido a las quejas de los niños de Israel en Egipto. Los judíos estaban tan oprimidos por la esclavitud y la servidumbre que sus plegarias eran quejidos internos y la Biblia dice que sus quejas silenciosas se oyeron en el cielo.

Del mismo modo, los lamentos de esta generación se unirán a aquellos dedicados al regreso de Jesús; aquel grupo de testigos y mártires que presentan su caso ante el trono de Dios noche y día. De esta sincronicidad se engendrará un acuerdo entre el cielo y la tierra, porque Jesús anhela conceder aquello mismo que claman los corazones en el cielo y en la tierra.

EL DOMINIO DE LA RIQUEZA POR VENIR

La iglesia, especialmente en el Occidente, ha tenido un enfoque tan corrupto en la prosperidad y el beneficio financieros que Dios ha tenido que disciplinarla a causa de nuestros motivos egocéntricos y autocomplacientes.

Dios ha dado un mensaje de prosperidad para el verdadero Reino en la tierra, pero con frecuencia queda oculto por mensajes de satanás. Los agujeros y debilidades de este mensaje de prosperidad falso se notan especialmente cuando se difunde en países tercermundistas en donde no sirve (al menos no del modo en que algunos de sus creyentes más elocuentes lo promocionan).

La teología bíblica transmite una verdad que es relevante para cualquier cultura, rica o pobre. El mensaje de prosperidad del movimiento de la fe no tuvo importancia bíblica en todas las culturas. Aunque la esencia del mensaje de prosperidad contenía muchas verdades, el panorama general se enfocaba en el autobeneficio.

En las décadas de 1980 y 1990, muchos ministerios convencionales decayeron por su falta de integridad con el dinero. Otros ministerios perdieron su influencia porque se aprovecharon de sus seguidores. Como consecuencia, gran parte de la iglesia ha abandonado la doctrina de la prosperidad.

Pero Dios desea llevar su mensaje de prosperidad a la tierra para su gente de pacto, para que Él reciba su recompensa. Si purificamos el motivo del mensaje de prosperidad, verdaderamente transmite una importancia espiritual. Incluso las personas en las naciones más pobres pueden comenzar a administrar recursos del depósito del cielo, si se le ofrece a Jesús su recompensa, por una manifestación sobrenatural.

UNA BENDICIÓN ORDENADA

Cuando estamos unidos para el propósito sacerdotal para el cual Jesús le suplicó a su Padre en Juan 17, se libera una bendición ordenada del cielo.

"¡Cuán bueno y cuán agradable es que los hermanos convivan en armonía! Es como el buen aceite que, desde la cabeza, va descendiendo por la barba, por la barba de Aarón, hasta el borde de sus vestiduras. Es como el rocío de Hermón que va descendiendo sobre los montes de Sion. Donde se da esta armonía, el Señor concede bendición y vida eterna".

—SALMOS 133 (NVI)

Lo que ordena esta bendición no es solamente la unión para un propósito del uno al otro, sino también la unión con el cielo.

IDEAS ERRÓNEAS COMUNES

Entre los cristianos abundan grandes malentendidos sobre el sistema de justicia y finanzas del cielo. Intentaré definir algunos de ellos brevemente para que podamos comprender mejor cómo ubicar nuestros corazones más cerca del Elegido a quien amamos.

1. Si sufro mucho en pobreza, entonces merezco una recompensa en la tierra.

Dios nos pide que paguemos el precio del sufrimiento. Como restitución por nuestro sacrificio, a menudo comenzamos a buscar beneficiarnos de formas visibles. Pero ninguna restitución terrenal puede compararse con lo que vamos a obtener con Cristo en el cielo. Si ahora nos pide que paguemos un precio, comenzamos a almacenar una recompensa en el cielo. Parte de su justicia extrema es que cosecharemos de nuestro sacrificio durante toda la eternidad. A veces, nuestro sacrificio puede dar origen a una comunión superior con Él, la cual es la meta de aquellos que lo amamos justamente.

"De hecho, considero que en nada se comparan los sufrimientos actuales con la gloria que habrá de revelarse en nosotros".

—ROMANOS 8:18 (NVI)

2. Si reconozco la estrategia del enemigo y atrapo al ladrón, quebrantando así el poder del diablo, entonces recibiré siete veces en mis finanzas.

Dios jamás nos prometió una devolución del dinero por siete. Sin embargo, esta Sagrada Escritura se utiliza legítimamente muchas veces para poner fin a un espíritu de pobreza.

Sembramos una relación con Jesús por Su bien. Si el enemigo nos roba, tenemos el derecho de saquearlo. Esto puede ocurrir de varias formas diferentes, pero nunca como esperamos.

"Pero si lo atrapan, deberá devolver siete tantos lo robado, aun cuando eso le cueste todas sus posesiones".

—PROVERBIOS 6:31 (NVI)

Cuando el enemigo nos roba, le roba a Dios. Esto significa que ser testigo en contra del enemigo le da a Dios el derecho de liberar una recompensa mayor del enemigo a Jesús. Esto se manifestará en nuestras vidas también, pero no existe una forma establecida de cómo sucederá.

Lo que hace que esta relación sea hermosa es que Dios es creativo y que nos utiliza para derribar la injusticia para que Su justicia pueda ser liberada.

Imagina lo siguiente: si el enemigo empezara con siete millones de dólares y te robara un millón, entonces tendría que renunciar a los ocho millones de dólares, es decir, a todo lo que le pertenecía. El enemigo les robó los corazones a dos seres humanos en el Jardín del Edén, pero mediante la redención de la cruz, Jesús heredó miles de millones de almas; las de aquellos nacidos bajo el pecado y la oscuridad y que habían sido reclamados por el enemigo. ¡Eso sí es justicia!

Cuando discernimos las estrategias del enemigo y le cerramos la puerta, entonces podemos abrir una puerta para que la justicia del cielo salga disparada y maximice la devolución, pero tenemos que enfocarnos en que Jesús obtenga su redención primero. Nuestro incentivo no puede ser primero nuestra propia restitución, pero si entendemos los planes celestiales de Dios de devolverle a Jesús lo que es de Él, entonces no tendremos miedo de seguir sus planes antes de seguir los nuestros. La persona que atrape al ladrón que le robe al Rey será recompensado inmensamente cuando lo entregue.

3. Si doy el diezmo, entonces recibiré una devolución multiplicada por cien de mis finanzas.

Dar el diezmo es un acto de unión de nuestro sistema de valores con el del cielo y una declaración de que pertenecemos a Dios. Sembramos los propósitos mismos de Jesús. Por eso cuando das, quizás no recibas cien veces en el área específica en que diste, pero definitivamente te expondrás para recibir grandes bendiciones en formas que van más allá del dinero.

Dios no tiene una determinación con devolver a los humanos exclusivamente en los ámbitos financieros. Si así fuera, muchos derrocharían la riqueza y esta los destruiría. La necesidad más urgente puede estar en ámbitos menos tangibles como el amor, la salud, las relaciones, la disciplina, la sabiduría, el conocimiento, la capacidad, etc.

Cuando damos económicamente, se libera una bendición de favor sobre nosotros. Este favor divino puede manifestarse a través de muchos tipos diferentes de provisiones. No podemos verlo con el filtro de un sistema monetario terrenal; pues si lo hacemos, no comprenderemos cuando Dios esté con nosotros, colaborando junto a nosotros, mediante nosotros e incluso por nosotros.

Si nuestro sacrificio nos ata al sistema de valores del Rey, Él podrá reunirse con nosotros a un nivel más profundo, de la forma que Él considere justa y no solo en nuestras necesidades percibidas. A veces Dios se reúne con nosotros en formas que no comprendemos porque Su manera no es la nuestra. Él desea ir más allá de nuestras necesidades y prepararnos para pasar una eternidad junto a Él. Recuerda que en donde yace nuestro tesoro, también está nuestro corazón. Es por eso que es tan importante dar de forma financiera, lo que requiere gran sacrificio.

El modelo del diez por ciento es solo una parte del modelo del Nuevo Pacto. Bajo el Nuevo Pacto, Dios desea poseernos plenamente. Eso significa que todo lo que tenemos es de Él y que Él podrá exigírnoslo para sus propósitos en cualquier momento en que lo decida.

Conozco a muchos empresarios líderes a quienes Dios ha guiado y que dan un gran porcentaje de sus ingresos, incluso hasta un setenta por ciento. Para el cielo es beneficioso mantener a estos líderes exitosos porque tienen corazones obedientes.

Pero quizás Dios desee utilizar a estos líderes para una función completamente diferente; nada está garantizado en nuestra vida. Dios incluso puede pedirnos que demos nuestra riqueza como ofrenda, como María roció el perfume costoso del frasco de alabastro (Mateo 26:6-13). O puede que desee que prosperemos para que podamos financiar programas comunitarios en las zonas más remotas de la tierra.

Si el llamado fuera para que le diéramos solo el diez por ciento, entonces no tendríamos responsabilidad ante Dios por el resto de nuestro dinero. Nos podríamos separar de su deseo. Dado que tenemos un Pacto con Jesús a través del Espíritu Santo, la unción de la relación confirma que todo lo que tenemos es de Él.

Y en realidad, esto nos libera de exigir todas las provisiones que necesitamos, porque somos de Él y nuestras carencias son las de Él también. Por consiguiente, debemos aceptar este modelo de sacrificio para que nuestras vidas mismas sean de Él y Él haga con ellas lo que considere adecuado. Él puede reclamar nuestro dinero o nuestras vidas mismas en cualquier momento en que lo desee.

Por eso, podemos ser administradores de más de lo que alguna vez tuvimos, porque Dios sabrá lo que creemos Suyo por nuestras acciones y no solo por nuestras intenciones. Cuando el enemigo nos roba, Dios actuará inmediatamente en nuestro nombre porque no puede privarse a Sí mismo.

Para los cristianos de la Alianza Nueva, el modelo del diez por ciento es solo un punto de partida con respecto a lo que podamos darle a Dios. Es un estándar mínimo que nos enseña a saber hacer sacrificios. Pero a medida que maduremos, nos hallaremos sacrificando mucho más que nuestras finanzas. Todas nuestras provisiones llegarán a Sus manos para Su servicio.

CAPÍTULO OCHO

LA TESORERÍA DE DIOS

"¿Se le puede quitar el botín a los guerreros? ¿Puede el cautivo ser rescatado del tirano? Pero así dice el Señor: «Sí, al guerrero se le arrebatará el cautivo, y del tirano se rescatará el botín; contenderé con los que contiendan contigo, y yo mismo salvaré a tus hijos".

—ISAÍAS 49:24-25 (NVI)

A sus dieciocho años, un amigo llamado James entró en un trance en el que fue transportado a un sitio espiritual espantoso. Había personas encadenadas a las paredes y retorciéndose de dolor. El oro precioso, que él sabía que pertenecía al Señor, estaba encerrado en cajas. Los demonios se aferraban a las promesas proféticas que claramente pertenecían a Jesús. James se preguntaba dónde estaba, y se le mostró que este lugar profundamente oprimido era un tesoro de Dios que había sido capturado y puesto en el segundo cielo.

Al principio esto lo confundió, ya que dicha esclavitud prevalecía allí, como si el enemigo fuera el dueño de todas estas personas, recursos y llamados que claramente pertenecían a Dios. James comenzó a interceder (orando para que el enemigo devolviera lo que era del Señor legítimamente) y comenzó a manifestar una autoridad espiritual inusual, que no era acorde a sus dieciocho años. Él hizo un acuerdo con el Dios del cielo, y Dios comenzó a responder a sus oraciones.

El enemigo hará todo lo posible para atrapar y esclavizar. No puede crear nada (excepto problemas y confusión). Depende de nuestra débil voluntad humana para poner en peligro o abrir la puerta al pecado, y luego se abalanza sobre esta abertura y la utiliza para su propia ventaja.

El enemigo opera secretamente y con malas intenciones, como los terroristas involucrados en la tragedia del 11 de septiembre del 2001. Estos terroristas no usaron tecnología nueva para destruir las Torres Gemelas. Ellos no contrabandearon armas de destrucción masiva porque probablemente no tenían acceso a ellas. Lo que crearon fueron estrategias para emplear nuestras propias armas en contra nuestra. Fueron a las escuelas de aviación de Estados Unidos y aprendieron el sistema de aviación de vuelos del país. Luego, secuestraron cuatro de nuestros propios aviones para causar destrucción masiva y debilitar a nuestro país con la amenaza del terrorismo.

El enemigo es el amo de la explotación y del engaño. Quiere usar los mismos vehículos del ministerio en contra del tesoro hermoso y precioso que Dios está dando a luz. El enemigo usa nueve partes de verdad mezcladas con una parte de mentira y expande su dominio al hacer que aquellos que hacen concesiones, acepten estos engaños.

Es verdaderamente increíble lo astuto que puede ser Satanás con la correa corta y los recursos limitados que Dios le ha permitido. Dios nunca le dio nada. Satanás gana terreno e influencia al manipular y controlar a los humanos a quienes Dios les ha dado talentos, dones y una medida de gracia para el éxito.

Entonces, ¿qué pasa cuando Dios comienza a despertar corazones alrededor del mundo? ¿Qué pasa cuando una generación entera comienza a entrar en un acuerdo con Dios en vez de un acuerdo con sus deseos pecaminosos? El enemigo es desplazado, porque sus únicas herramientas y recursos son aquellos pecados que los humanos renuncian.

Por este motivo Dios aborreció a Esaú; él desperdició y perdió la herencia que no solo le pertenecía a Esaú sino también al Gobernante del cielo. Cuando despreciamos nuestros dones y talentos, despreciamos al mismo Dios. Entramos en un acuerdo con nuestra propia carne, lo que le da poder al enemigo para obrar a través de nuestros dones y habilidades. Incluso algunos que son vistos por los demás como cristianos maduros son culpables de despreciar su herencia espiritual.

Por otro lado, el panorama general es que Dios tiene un Reino a su disposición. Nunca ha perdido ante el enemigo, ni siquiera una porción de lo que era significativo para Él. Además, Dios tiene la capacidad de crear, inspirar y dar frutos. No hay duda de que deben darle celos al enemigo cuando Dios les garantiza éxito y productividad a los humanos. También debe ser una gran desilusión para Dios cuando sus hijos tratan de imitar la menor productividad mundana que surge de la manipulación y del engaño.

La clave para ganarse la entrada al depósito del cielo y recuperar lo que le pertenece a Dios es alinearnos con su voluntad y estar de acuerdo con Él sobre lo que es de Él. Si dejamos de renunciar a nuestros derechos y nos entregamos a Él, conseguiremos todo lo que Él tiene disponible para nosotros.

UN RELOJ ROLEX DE REGALO

Después de la segunda visita del Ministro de las Finanzas, me desperté a la mañana siguiente y me reuní con la familia con quien me había quedado, quienes ya estaban despiertos. Su hijo menor me saludó, lleno de emoción.

—Shawn, tuve un sueño sobre ti anoche —me dijo—. Un hombre te daba un reloj y era un Rolex. ¡Dijo que podrías decir una hora nueva con él!

El sueño de este niño de siete años entró al fondo de mi corazón. Había visto un reloj Rolex solo unas cuantas veces en mi vida. Casi podía recordar una característica distintiva en la cara del reloj: una insignia con forma de corona. Para ser honesto, no me podría haber importado menos la marca real del reloj, pero la imagen simbólica del Rolex era hermosa para mí. Entonces en mi espíritu escuché al Señor decir:

—Estoy coronando tu tiempo con mi propósito.

No entendí esta declaración, pero sonó poética y elegante, y en mi corazón, me regocijé con lo que dijo; se sintió como una invitación.

Dos meses después, di un discurso en una conferencia en Idaho. Cuando regresé a casa, recibí una llamada de la anfitriona de la conferencia. Ella preguntó:

—¿Recuerdas ese reloj que recibimos en la ofrenda? Todos oraron y sintieron que debías tenerlo. ¿Oraste por eso?

Tomado por sorpresa, pregunté:

—¿Qué reloj? —Esta era una revelación nueva para mí; no había oído nada al respecto.

—¿No te lo dije? —dijo ella—. Es un reloj Rolex. Lo hemos valuado y es real. Sentimos que tenemos que dártelo. ¿Dios te ha hablado algo sobre un reloj?

Estaba impactado. Tener un Rolex no significaba nada para mí en lo físico, pero el mensaje espiritual que Dios me había enviado era de gran importancia.

Parecía que Dios estuviera volviendo realidad el sueño del niño de siete años, enviándome un mensaje serio. Recordé las dos frases que había escuchado: "Aprenderás a decir la hora nueva, y coronaré tu tiempo con mi propósito".

Ella se ofreció a llevarme el reloj a otra conferencia en Albany, Oregon, donde tenía programado hablar.

Al principio no se lo dije a nadie; estaba impactado con la noticia. Luego, dos semanas antes de que fuera a recibir el reloj asistí a una reunión en la Casa Internacional de la Oración en la ciudad de Kansas.

Una mujer que no conocía se acercó y me profetizó:

> —Veo a Dios poniendo un reloj Rolex en tu muñeca. Es dorado y plateado. Él hace esto porque va a acelerar tu hora. Es un reloj de oro y plata. Representa los recursos de cielo que vienen a ti de forma acelerada para lograr todo aquello que Él ha puesto en tu corazón.

Esta mujer no había oído mi historia del Rolex. Se la había contado solo a tres personas en forma privada. ¡Me quedé boquiabierto!

De repente, me di cuenta de que nunca le pedí que describiera al Rolex. En realidad, no sabía cómo lucía un Rolex; no recordaba muy bien el par que había visto. Así que esa noche la llamé y compartí la palabra profética con ella.

Ella me dijo que el Rolex era de oro y de plata y que tenía una corona en un lado. Quedé impresionado por cómo Dios usaba este objeto físico para hacerme llegar su mensaje espiritual.

EL ESPÍRITU DE ESAÚ

Cuando recibí el reloj, estaba asombrado de que Dios me hubiera enviado nuevamente un mensaje a través de un objeto. De forma extravagante e intencional, me enviaba un mensaje usando este reloj, el cual indica cierto estatus en el mundo, pero para mí era la coronación del tiempo. Lo primero que pensé fue vender el reloj para comprar cosas extras para nuestro ministerio o incluso regalarlo a los pobres. Pensé en distintas formas de venderlo y casi estaba listo cuando recibí un regaño fuerte del Señor:

—Esaú vendió su herencia por la necesidad de provisiones [en otras palabras tenía hambre], y lo aborreció. ¿Vas a hacerme lo mismo?

¡Qué dolor! Entendí que el Señor me había dado una prueba de su amor y una señal profética en el reino físico. Él quería que el reloj me sirviera como un símbolo profético. Entonces me dijo:

—Has sido llamado a poseer en el reino natural. La única vez que se vuelve peligroso es cuando estás satisfecho con lo que posees y te conformas. Todo lo que está inspirado por mi Espíritu para tu posesión solo causará que te presiones aún más para alcanzar la meta superior de morar conmigo.

Mi corazón estaba abrumado. El reloj cambió toda mi perspectiva y se volvió valioso, no como un tesoro en su valor mundano, para que no fuera un ídolo. Tampoco tenía valor como un recuerdo, para que yo no construya un altar y me conformara.

En cambio, el valor del reloj para mí era que mostraba cómo es el amor verdadero de Dios y cuánto más necesito de Él. Me impulsó hacia mi objetivo celestial de estar con Él.

Dios no quiere limitar nuestra posesión de accesorios de este mundo. Sin embargo, exige que, al final, nos acerquen a Él. Si no lo hacen, nos distraerán y nos alejarán de Él. Recuerda: nuestro corazón está donde está nuestro tesoro.

Algún día Dios puede solicitarme que me deshaga del reloj, algo que me gustaría hacer, si me lo pide. Es de Él. Me ha servido porque ha sido una demostración palpable de Su amor y comunicación hacia mí. Además, nada sobre la tierra es permanente; no somos eternos en este plano.

No obstante, Dios me lo dio, y hasta que llegue ese momento, lo administraré con gratitud.

CEGADO POR EL ORGULLO

Muchos creen que se han ganado las posesiones de la tesorería de Dios por su propia fuerza, habilidades y poder. Trabajaron mucho; tenían determinación; lo hicieron posible. Las personas propensas a la decepción leen afirmaciones como estas y piensan engreídamente: "Qué terrible es que otros piensen que son responsables de su propia fuerza. Me alegra que yo no piense así".

Pero estos mismos individuos caen en el orgullo de la vida. La última vez que fui engañado no tenía ni idea de que me había desviado de la verdad: ese es el propósito en sí del engaño.

Nos estamos acercando al regreso de Jesús. Aunque podría no ser mañana, se aproxima. El temor al Señor debe apoderarse de nosotros. Puesto que estamos más cerca de esa hora decisiva, Dios libera para su pueblo de Pacto la capacidad de producir riqueza como nunca antes. Dios está confirmando su Pacto tanto a Jesús como a nosotros.

Muchos han probado el éxito y han dejado que su orgullo los ciegue hasta creer que el éxito vino a través de sus propios dones y talentos. Ya no sentir desesperación para que Jesús herede lo que es de Él, es increíblemente fácil cuando nuestras circunstancias nos protegen con comodidades.

Salomón cayó en esta trampa y él es considerado el hombre más sabio de toda la historia. ¿Cómo pudo, quien tenía tanta sabiduría, conformarse con menos que el propósito máximo del Reino? Ocurrió por un motivo: Salomón se conformó. Perdió su desesperación por la eternidad y se centró en los placeres de la tierra. Eso me dice que los placeres más fuertes de la tierra pueden ser una falsificación perfecta, incluso para el más sabio de los sabios. Tenemos que estar en guardia para no conformarnos con lo terrenal, incluso cuando se sienta espiritual.

Dios es sincero en sus intenciones y no tolerará orgullo en aquellos a quienes Él les encarga su inversión para la herencia de su Hijo. Anteriormente mencioné el siguiente versículo, pero analicémoslo otra vez:

"Así que el ángel me dijo: «Esta es la palabra del Señor para Zorobabel: 'No será por la fuerza ni por ningún poder, sino por mi Espíritu' —dice el Señor Todopoderoso—»".

—ZACARÍAS 4:6 (NVI)

El Espíritu de Dios alentaba a Zorobabel para que terminara la construcción del templo, y reconociera que era Dios quien estaba empoderando al hombre, y no sus propias capacidades o habilidades.

Cuando se trata de la construcción del templo de Dios, Él no escatimará en gastos. No dejará de empoderar a aquellos que ha convocado para la tarea. Es una administración santa de Su propósito.

INCENTIVOS DIVINOS

Bobby Conner, un amigo con voz profética incluso afirma que Dios libera en nosotros un incentivo para la administración.

Cuando David les consultó a los hombres de Israel y descubrió que el hombre que matara a Goliat recibiría riqueza, la hija del rey y una exención de impuestos (1 Samuel 17:25), encontró un gran incentivo para matar al gigante que se interponía en el camino del pueblo de la Alianza con Dios.

Y como mencioné anteriormente, cuando Salomón construyó el templo, quedó una provisión suficiente para que él se construyera un palacio admirable. A veces, nos beneficiamos personalmente cuando preparamos el camino para los propósitos superiores de Dios. Él nos recompensa abundantemente, pero nuestras recompensas no pueden ser nuestra única preocupación.

David habría matado a Goliat incluso si no le hubieran ofrecido un incentivo. Lo sabemos porque ya había matado a un león y a un oso que intentaron atacar al rebaño de ovejas que él atendía. Para matar a Goliat, David recibió un incentivo adicional con la oferta de Saúl y con ella, se vio obligado más aun a conocer la bondad de Dios.

Dios nos da la recompensa de Jesús (además de la gran recompensa que nos espera en el cielo) mientras nos envía postales espirituales como recordatorios para fortalecer nuestra pasión. Estos incentivos no sustituyen a nuestra pasión, sino que generan celo como lo describe David:

"El celo por tu casa me consume".

—SALMOS 69:9 (NVI)

Cuando el Señor le ofreció a Salomón darle cualquier cosa que quisiera, Salomón entendió que el incentivo no era lo importante. En lugar de pedirle administrar riquezas o poder le pidió a Dios sabiduría y discernimiento.

"Al Señor le agradó que Salomón hubiera hecho esa petición, de modo que le dijo:

—Como has pedido esto, y no larga vida ni riquezas para ti, ni has pedido la muerte de tus enemigos, sino discernimiento para administrar justicia, voy a concederte lo que has pedido. Te daré un corazón sabio y prudente, como nadie antes de ti lo ha tenido ni lo tendrá después".

—1 REYES 3:10-12 (NVI)

Incluso Jesús recibió un incentivo por obedecer al Padre con todo Su corazón. Primero obedeció para complacer al Padre y luego por la herencia prometida.

MOTIVOS PARA ADMINISTRAR

Creo que Dios desea llamar a una generación cuyo deseo no sea otro que discernir Su corazón, como se lo pidió Salomón. Dios declara que nuestra generación no será como ninguna otra sobre la faz de la tierra. El celo por Dios no limitará nuestra administración; nos exigirá más responsabilidad y nos ofrecerá el privilegio de unirnos al cielo.

Si analizamos las generaciones pasadas, vemos con certeza que la riqueza no es la respuesta, ni un recurso. Solamente la presencia libre y permanente del Espíritu Santo en nuestras vidas puede satisfacer nuestros deseos más íntimos. Cuando estemos desesperados por el corazón de Dios como lo estaba Pablo, atraeremos la abundancia ligada a nuestra dependencia de Dios. Luego, Dios liberará el don de la administración en la medida que Él nos confíe.

Un día mientras oraba, Dios mencionó algo que nunca había considerado. Me dijo:

—Disfruto de administrar los recursos del cielo y de la tierra. He creado a los humanos a mi propia imagen, con el mismo goce de administración.

¿Te diste cuenta de que Dios nos creó para disfrutar de la administración del dinero? Él nos creó para que nos complaciera gestionar posesiones. Este principio es totalmente lacerado por lo demoníaco y el espíritu religioso de la iglesia lo desplaza. Como novia, Jesús pretende que la administración no sea solo una prueba para evaluar y desarrollar nuestro carácter. Él quiere que disfrutemos de unirnos a Él en las finanzas y recursos.

Es cierto que una vez que uno comienza a tener un flujo de recursos, la vida se complica en lugar de simplificarse. Todo el que tiene quiere más porque requiere más para sostener la riqueza ya adquirida.

Al mismo tiempo, tener recursos a disposición de uno permite la posibilidad de ejercer mayor autoridad, responsabilidad y, consecuentemente, de tener un nivel diferente de unión con los recursos del Reino.

Muchas personas reclaman más sin considerar las consecuencias. Dios sabe que no siempre puede darnos lo que queremos, porque podríamos no estar listos para la responsabilidad (aunque sintamos que lo estamos, podría llevarnos a la ruina). Si Dios multiplica los ingresos y la influencia de tu negocio, podrías necesitar más empleados, equipamiento y un espacio de trabajo más grande. Si Dios traslada tu iglesia a un edificio más grande, se precisarán más gastos para mantenerlo. Mientras más administras, más responsabilidad se te exige.

A quien se le da mucho se le exige mucho. Si administramos la tesorería de Dios en el nombre de Jesús, ¿cuánta responsabilidad más implica tener las llaves de semejante tesorería?

Cada individuo es responsable ante el trono por su uso de los recursos del cielo. No permitas que te obliguen a hacer reverencia a un altar humano para complacer a tu vecino en vez de a Dios.

LA RESPONSABILIDAD DE LA RIQUEZA

Piensa en la poderosa responsabilidad de administrar la riqueza. Conozco a un hombre religioso que tiene empresas multimillonarias y se ha convertido en uno de los hombres más ricos de su ciudad.

Todos los años, recibe decenas de miles de cartas de personas realmente necesitadas, desde misioneros en otros países hasta madres solteras que nunca tendrán el dinero para pagar cirugías que sus niños necesitan. Estas necesidades lo mantienen arrodillado en oración, y él le pregunta a Dios:

—¿Cómo administro tu dinero?

Es un hombre que anhela el corazón de Dios, porque sabe que realmente es la riqueza de Dios.

ADVERTENCIA PARA LOS LÍDERES DE DIOS

Estoy por abordar un tema peligroso, puesto que puede llegar a ser muy desigual. Con mucha frecuencia las personas culpan a los demás, especialmente a los líderes, por sus problemas.

Pero el cuerpo de Cristo se enfrenta a otro dilema. Varios líderes de iglesias prominentes han administrado las finanzas de la iglesia con motivos erróneos. Han usado los bienes del Reino para explotar a las personas; no para expandir el Reino sino para sus propios planes.

En la última década, individuos, iglesias y ministerios cristianos desfalcaron cientos de millones de dólares con fraude. Varios hombres y mujeres reconocidos e influyentes del ministerio se dejaron seducir por oportunidades de negocios ilegítimos. Muchos ministerios de hecho recaudaron dinero de sus congregaciones locales o de sus redes de apoyo para invertir más dinero en estas oportunidades, que llegaron a nada.

¿Cómo podemos protegernos de fraudes como estos? Es muy simple: conocerás a los que sirven a Dios por sus frutos. Un hombre o una mujer que administra los recursos con sabiduría producirá frutos de pasión radical, la salvación de almas, milagros, entrenamiento y equipamiento (lo que significa que generarán discípulos) y tendrán provisiones.

Las iglesias en el cuerpo de Cristo necesitan ser muy transparentes y honestas en el ámbito financiero; necesitan mantener un estándar divino de integridad, no uno mundano. La mayoría de los líderes en el cuerpo de Cristo a quienes se les ha confiado la administración de las finanzas tienen corazones sinceros y nobles para cumplir la voluntad de Dios y amar a las personas.

Por el contrario, los ministerios que terminan aprovechándose de sus seguidores parecen tener buenas intenciones, pero por lo general no son confiables por sus motivos impuros.

A decir verdad, hay cientos de miles de líderes, y no todos son responsables ante sus congregaciones ni ante la voluntad de Dios. No es la responsabilidad de cada feligrés corregir esto: es de Dios. Sin embargo, es nuestra responsabilidad como feligreses "conocer" a los hombres o mujeres que nos están guiando, para así solo servir la causa de quienes han sido llamados.

Por ejemplo, digamos que tus ingresos o las ganancias de tu empresa son cientos de millones cada año y vas a una iglesia local pequeña que tiene un poco más de cien miembros. Si pagas el diezmo a esa congregación, podrían ser millones al año. Supongamos que su presupuesto es de solo unos cientos de miles de dólares, el dinero adicional que podría ser una bendición también podría arruinar inmediatamente a la iglesia si no tiene la visión o el carácter para administrar las finanzas apropiadamente. Aquellos que el Señor bendice con riqueza, deben primero forjar una relación de confianza con las organizaciones ministeriales que reciben los diezmos y las ofrendas. Puede que a algunos ministerios no les guste oír esto, pero la distribución de la riqueza es algo por lo que un individuo debe responder ante Dios.

Dios bendijo con riqueza a unos amigos míos muy queridos, y ellos sintieron deseos de donar financieramente a varios lugares. Pero su pastor les dijo que no estaban siguiendo un modelo bíblico y que Dios los maldeciría por robarle a la iglesia.

Estas pobres personas, que por sí solas daban mucho más que todos los miembros de la iglesia juntos, estaban confundidas y por eso un yugo pesado cayó sobre ellas. En contra de la guía del

Espíritu Santo, le dieron todo al pastor. No hace falta ni decirlo, pero en un año la iglesia se desmoronó y el pastor fue acusado de adulterio y de haber lavado dinero de la cuenta de la iglesia.

SEÑALES DE ALERTA

Cuando cualquier persona trata de controlar tus finanzas o recursos con la manipulación en vez de la inspiración, una señal de alerta debe proyectarse en tu corazón. Si Dios te ofrece la administración de recursos ya sean grandes o pequeños, debes hacer dos cosas:

1. Dar el porcentaje que Dios te diga para apoyar al ministerio o iglesia familiar a la que perteneces, y deja que sea un regalo gratuito, sin ataduras.

2. Ser responsable de administrar Sus finanzas con sabiduría y discernimiento.

¿Y si Dios te está llamando para que seas un apóstol de las finanzas? ¿Y si te está entrenando para que te unas a su propósito de fundar y construir las estructuras del Reino? ¿O para que des a otros que van a construirlas? No llamará a otros a administrar tus recursos por ti. Son los testigos infieles de la iglesia los que nos llevan a poner todas nuestras finanzas a los pies de los apóstoles, para que así ellos puedan construir con nuestros recursos. Es posible que Dios te llame para que seas un apóstol de las finanzas. ¿Y si te está entrenando para que te unas a su propósito de fundar y construir las estructuras que una persona con la mentalidad de ministro no podría ver?

Mis amigos que donaron tantísimo dinero a su iglesia cometieron un grave error; puesto que al ser ellos la pareja que sostenía la iglesia, terminaron en una posición difícil. ¿Y si el trabajo del marido les hubiese exigido mudarse? Su iglesia podría haberse desmoronado por su dependencia de una persona.

Además, si su pastor ya tenía dinero en exceso y no logró que su iglesia creciera más allá de cien personas después de varios años, ¿por qué querría Dios que esta pareja invirtiera más dinero en una estructura sin visión? Por su mala doctrina, esta pareja sintió incorrectamente la responsabilidad de dar a ese lugar.

Dios ha colocado dentro de cada uno de nosotros el deseo de administrar recursos. Toda civilización gira en torno a esto. No es un deseo carnal arraigado en el materialismo y la avaricia; es un deseo basado en la espiritualidad. Dios quiere que disfrutemos de administrar los recursos que nos ha dado.

"Porque el amor al dinero es la raíz de toda clase de males. Por codiciarlo, algunos se han desviado de la fe y se han causado muchísimos sinsabores".

—1 TIMOTEO 6:10 (NVI)

Aunque el versículo anterior se cita erróneamente, este no dice que el dinero es malo. El dinero, como cualquier otra provisión, es neutral. En realidad, la actitud del corazón (avaricia, miedo y ansiedad) hacia el dinero lo que determina si es bueno o malo.

Dios busca más allá de los formatos, estructuras y programas que nosotros llamamos religión. Busca a través de las paredes, divisiones y definiciones que los humanos han establecido para alabarlo.

Dios ama a los edificios y a las personas, pero sus ojos van de un lado a otro e incluyen a todo el mundo como su herencia. Dios escrudiña los corazones y el carácter de los seres humanos para encontrar administradores de sus recursos y personas que sean vehículos para un Espíritu superior y que puedan cumplir los deseos de Su corazón.

Como amantes de Dios, debemos unirnos y sacrificar cuanto nos sea posible de nuestro dinero, servicio y amor, sin ponerle precio a lo que damos. La realidad es que nuestro amor nos motivará a dar. Si nos abstenemos de entregar con obediencia un porcentaje considerable de nuestro dinero para tener un estilo de vida sacrificado (por lo general mucho más que un diez por ciento), entonces quedaremos expuestos a la opresión del enemigo en nuestras finanzas.

La cifra del porcentaje de nuestros recursos (y qué es considerado "sacrificado") es algo individual y fluye desde nuestra relación personal con el Señor.

No creo que Dios nos juzgue por no dar. Pero cuando damos, abrimos la puerta para que Dios se mueva en el reino físico: en nuestro carácter, estilo de vida, finanzas, salud y muchas otras áreas. Cuando no damos con sacrificio, nuestro tesoro se limita a lo que recibimos en la tierra, porque no hemos abierto la puerta para que Dios se mueva por esta avenida, la cual es tan importante para Él.

CAPÍTULO NUEVE

LA UNCIÓN DOBLE

"Volved a la fortaleza, oh cautivos de la esperanza; hoy mismo anuncio que el doble te restituiré".

—ZACARÍAS 9:12 (NVI)

Un hombre vino a mi oficina para hacer una consulta sobre su vida. Tenía problemas financieros, y creía que su llamado era el ministerio, pero no podía sostenerse con las pequeñas donaciones que recibía. Mientras oraba por él, percibí que Dios había puesto un regalo de salvación en sus manos. Pero Dios también le estaba dando una estrategia comercial para el Internet y deseaba que utilizara sus capacidades tecnológicas para poder mantenerse. Cuando le dije esto, reaccionó a la defensiva:

—Pero me deshice de todas mis capacidades y de mi carrera para seguir a Jesús; ahora vivo de la fe.

—No, Dios te ha dado esta capacidad —le dije—, y el ministerio no es solo para las cuatro paredes de la iglesia. Te ha llamado, pero no exclusivamente a la iglesia.

—¿Te refieres a un negocio de tiendas de campaña? —preguntó, refiriéndose al apóstol Pablo.

Fue entonces que comprendí cuán distorsionada se ha vuelto la perspectiva cristiana promedio de los trabajos seculares; tendemos a pensar que son para ciudadanos de segunda clase del Reino. Así que le dije:

—No, Dios no te ha dado la capacidad de fabricar tiendas. Te ha dado una unción doble. Has sido llamado a construir el Reino y ministrar con poder en la iglesia. También has sido llamado a inspirar caminos nuevos para que los cristianos puedan crear páginas web; has sido llamado a crear formatos nuevos para que muchas personas transmitan mensajes tanto a la iglesia como a los mercados del mundo. A través de esto, te pondrás en contacto con muchas personas que Jesús ama pero que no le interesan a nadie más, y serás Su portavoz para ellos. ¡No tienes que elegir entre una o la otra!

Inmediatamente, sintió un peso en su espíritu, y supo que era la presencia de Dios. Su mente se libró de esa lucha contra una identidad equivocada en su llamado personal. La provisión estaba en sus manos, como la vara estuvo en las manos de Moisés.

UN DESPERTAR DIVINO

Una noche, una alarma chillona me despertó de un sueño profundo. Medio dormido vi mi mesa de noche, y me di cuenta de que no tenía ninguna alarma programada en mi habitación. El sonido había venido del cielo. Dios me había despertado. Él me dijo:

—Está por ocurrir un despertar masivo en el cuerpo de Cristo. Llamaré a una generación sin esperanza para que more en mí. Cuando lleguen las masas, heredarán no solo como hijos sino también como la novia de Cristo. Es una herencia doble que deberá administrarse ahora incluso en la tierra.

El favor beneficia a los que brillan bajo la luz del cielo. Las Sagradas Escrituras nos recuerdan que:

"Y vosotros seréis llamados sacerdotes del Señor;

ministros de nuestro Dios se os llamará. Comeréis las riquezas de las naciones, y en su gloria os jactaréis. En vez de vuestra vergüenza tendréis doble porción, y en vez de humillación ellos gritarán de júbilo por su herencia. Por tanto, poseerán el doble en su tierra, y tendrán alegría eterna".

—ISAÍAS 61:6-7 (NVI)

En los últimos días, Dios desea levantar al remanente de personas que reflejarán el testimonio de José descrito en el libro del Génesis. José nació con el favor de su padre, pero sus hermanos estaban celosos. Tras un viaje largo, oprimido y sacrificado, José terminó sirviendo al faraón y fue puesto a cargo de una gran parte del reino. Su posición le permitió proveer al pueblo de Dios, Israel, de formas generosas que habrían sido imposibles si él no hubiera sido designado para este papel.

José no solo fue elegido por el faraón para un papel de liderazgo importante, sino que también obtuvo el favor de Dios y fue nombrado para un papel de liderazgo celestial sobre el pueblo de Pacto con Dios. Como el profeta Samuel, José creció en favor primero con Dios y luego con la humanidad. Esto le proporcionó una función entre los seres humanos y luego para Dios y el pueblo de Dios.

José es una imagen parabólica de lo que Dios les pide a muchos: que paguen un precio en este momento. José pagó un gran precio y muchas veces se preguntó por qué Dios permitía calamidades tan grandes en su vida.

Puesto que José conservó su corazón justo sin importar cuán terribles fueran las circunstancias, siempre aumentó su favor en cualquier entorno en el que se encontrara, ya fuera en la casa de Potifar, en prisión o con el faraón.

Esto es un ejemplo del pueblo de la Alianza con Dios y del favor asignado a nosotros en la tierra. Dios también desea otorgarle a su pueblo de la Alianza influencia y favorecerlo incluso en medio del sufrimiento. Es hora de aprovechar las promesas de Dios. Él ha guiado a muchos a lo largo de este viaje de obediencia para que, en el momento justo, puedan levantarse en medio de la hambruna de creatividad y del desierto de esterilidad que ensombrecerá al mundo en el final de los tiempos.

Como mencioné anteriormente, la gran gracia que ha recubierto al mundo occidental nos parece tan común que tendemos a darla por sentado. Sin embargo, un día Dios retirará esta gran gracia y solo prosperará lo que está espiritualmente impulsado por Dios o el enemigo. El esfuerzo humano no conseguirá nada; las personas tendrán que elegir a quién servir. Cuando ese momento llegue, a aquellos con la unción de José se les confiará una administración considerable de bendiciones, para que todos los propósitos de Jesús no dejen de ser cumplidos por falta de recursos.

MINISTRANDO A LOS POBRES

Cuando el Ministro de las Finanzas me visitó por primera vez, me mostró un movimiento monetario poderoso que comenzaría a curar el hambre y a los pobres de la tierra. Una de las formas más directas y eficientes de lograr que los creyentes en el mundo occidental concuerden con el Ministro de las Finanzas y vean los recursos del cielo ingresar a sus vidas, es orar para que tengamos un corazón para los pobres de la tierra.

En mi segunda experiencia con el Ministro de las Finanzas, este me aconsejó:

—Cuando amas a los que no son amados, adquieres mayor autoridad. Cuando los amas de formas tangibles como alimentándolos, vistiéndolos, cuidándolos, visitándolos, adoptándolos, entonces aceleras la actividad de Dios en otras áreas de tu vida. Se abren los cielos sobre ti. Así, como proporcionó a Jesús una mayor influencia cuando tocó a los pobres y afligidos de la tierra. Cuando Jesús tocó a los pobres y a los débiles y los hizo completos mediante su amor, los ministerios del cielo más grandes

y jamás antes conocidos por la humanidad fueron traídos a la tierra, y la luz de Dios se incrementó en todo el mundo. ¡Imita eso!

El Ministro de las Finanzas entonces me llevó al libro de Isaías:

"¿No es éste el ayuno que yo escogí: desatar las ligaduras de impiedad, soltar las correas del yugo, dejar ir libres a los oprimidos, y romper todo yugo? ¿No es para que partas tu pan con el hambriento, y recibas en casa a los pobres sin hogar; para que cuando veas al desnudo lo cubras, y no te escondas de tu semejante? Entonces tu luz despuntará como la aurora, y tu recuperación brotará con rapidez; delante de ti irá tu justicia; y la gloria del Señor será tu retaguardia. Entonces invocarás, y el Señor responderá; clamarás, y El dirá: "Heme aquí". Si quitas de en medio de ti el yugo, el amenazar con el dedo y el hablar iniquidad, y si te ofreces al hambriento, y sacias el deseo del afligido, entonces surgirá tu luz en las tinieblas, y tu oscuridad será como el mediodía. Y el Señor te guiará continuamente, saciará tu deseo en los lugares áridos y dará vigor a tus huesos; serás como huerto regado y como manantial cuyas aguas nunca faltan. Y los tuyos reedificarán las ruinas antiguas; levantarás los cimientos de generaciones pasadas, y te llamarán reparador de brechas, restaurador de calles donde habitar".

—ISAÍAS 58:6-12 (NVI)

Este pasaje nos da la llave más importante para la aceleración espiritual y el crecimiento con el favor de Dios y la humanidad. El movimiento de Dios para redistribuir y multiplicar las finanzas y los recursos continuará y se intensificará entre sus seguidores hasta la culminación terrenal del final de los tiempos. En ese momento, Dios utilizará su cuerpo para transportar grandes riquezas y recursos, y así cumplirá Sus propósitos para la nación de Israel.

Ya lo sabes ahora, todo empezará con los pobres. Basado en lo que este ángel compasivo me reveló, no creo que nadie pueda prosperar realmente en el Reino de Dios sin un corazón para los pobres.

CAPÍTULO DIEZ

DONACIÓN EXTRAVAGANTE

"Mándales que hagan el bien, que sean ricos en buenas obras, y generosos, dispuestos a compartir lo que tienen. De este modo atesorarán para sí un seguro caudal para el futuro y obtendrán la vida verdadera".

—1 TIMOTEO 6:18-19 (NVI)

Durante una conferencia en Canadá, el Ministro de las Finanzas angelical fue enviado nuevamente para ayudarme a entender más la revelación sobre la economía del cielo. Esta vez, me informó que:

—El Señor va a inspirar con el ejemplo de los macedonios. Para acceder a los propósitos superiores que Él se propone para esta generación, será necesario seguir el estilo de vida macedonio.

Busqué en la Biblia y vi que Pablo fue testigo de la generosidad de los macedonios, la cual fluía de la pobreza extrema. Él escribió:

"Ahora, hermanos, queremos que se enteren de la gracia que Dios les ha dado a las iglesias de Macedonia. En medio de las pruebas más difíciles, su desbordante alegría y su extrema pobreza abundaron en rica

generosidad. Soy testigo de que dieron espontáneamente tanto como podían, y aún más de lo que podían".

—2 CORINTIOS 8:1-3 (NVI)

Luego el Ministro de las Finanzas manifestó:

—El Espíritu Santo guiará a la iglesia para que provea de formas imposibles para la naturaleza humana. Dios desea que des en conformidad con el deseo del corazón de Jesús. Esta actitud del corazón describe al pueblo del que hablaba Pablo, el que dio más de lo que podía.

Esta forma de dar es totalmente extraña en el mundo occidental. Nosotros damos de forma humanística cuando nuestros corazones se conmueven con la compasión o cuando nos sentimos inspirados por una aflicción visible.

Pero, una vez que olvidamos estos asuntos, las atrocidades escapan de la conciencia y de la atención del mundo occidental. Dios llama a un pueblo que construya sus depósitos en el cielo. Él busca un pueblo que tenga una estructura reelaborada de valor eterno que no gire en torno a la economía del mundo.

El deseo ardiente de Jesús es amenazador para aquellos que "poseen" algo, sea riqueza o no. Por eso, muchos de los que encuentran al corazón de este Hombre maravilloso se apartan, como el rico que le preguntó a Jesús cómo entrar en la eternidad. Jesús respondió:

"—Si quieres ser perfecto, anda, vende lo que tienes y dáselo a los pobres, y tendrás tesoro en el cielo. Luego ven y sígueme. Cuando el joven oyó esto, se fue triste porque tenía muchas riquezas.

—Les aseguro —comentó Jesús a sus discípulos— que es difícil para un rico entrar en el reino de los cielos. De hecho, le resulta más fácil a un camello pasar por el ojo de una aguja que a un rico entrar en el reino de Dios".

—MATEO 19:21-24 (NVI)

Este hombre rico no pudo dar en conformidad con el deseo de Jesús, porque su sistema de valores estaba enredado con el del mundo y le costaba demasiado. Tenemos que aprender a dar de acuerdo con el deseo de Dios.

No obstante, solo un encuentro con el Espíritu Santo nos puede conducir a hacer esto. Las personas que administran los recursos para el Reino no pueden conservar un corazón extravagante, a no ser que se encuentren habitualmente con el corazón de Dios. De no ser así, se sentirán abrumados por las presiones de la vida y los dilemas humanos, y tratarán de resolverlos con la sabiduría humana (la cual se fundamenta en la verdad, pero es una comprensión divina aplicada fuera de la relación con Dios).

La sabiduría humana nos guía según nuestros propios planes. No satisface los planes del cielo. La sabiduría humana puede llevarnos al lado y a la vista del camino verdadero, pero no nos conduce por ese camino.

El hombre joven y rico mencionado en Mateo 19 había vivido de acuerdo con la verdad de la sabiduría divina al cumplir con todas las leyes mosaicas. Pero cuando Jesús lo desafió a renunciar a todo como una ofrenda extravagante de sacrificio y adoración, el hombre no pudo hacerlo. No pudo satisfacer tal pedido, porque amaba demasiado su propia vida.

CEDER A LOS PROPÓSITOS DE DIOS

Dios busca vehículos sinceros en los cuales navegar. No invertirá en aquellos que no estén plenamente rendidos a Él, porque Él necesita que vivan de acuerdo con Su propósito. La administración de recursos es una de las pruebas más grandes de los sinceros, ya que cada cultura de la tierra de alguna manera gira en torno a esto.

En la cultura occidental creamos jubilaciones, planes de retiro, seguridad social, cuentas de ahorro y toda clase de seguros (algunos incluso obligatorios). Vivimos con depósitos por la gracia generalizada en nuestros países.

Nuestras culturas están diseñadas para que nos aseguremos la seguridad personal para nuestro futuro. En sociedades como esta, no podemos evitar desarrollar mentalidades que conducen a la esclavitud. No es un deseo malvado o erróneo querer tener seguridad a través de estos medios potencialmente sabios, pero Dios no nos pide sabiduría primero. Él quiere ver corazones cautivados que sean devotos a Él y que busquen vivir una vida abandonada a sus deseos para nosotros.

Como creyentes somos conscientes de cuál es nuestro futuro a largo plazo, pero la mayoría no tiene un deseo de invertir en él todos los días. Estamos más preocupados por el dinero y el materialismo, casas, coches, empleos, seguridad financiera, ganar dinero, poseer y pedir prestado. Al mismo tiempo, Dios nos ruega: "¡Hay un lugar superior! ¡Vengan aquí!".

EL ESPÍRITU DE ANANÍAS Y SAFIRA

Si guardamos un poco para nosotros, no significa que le hemos fallado completamente a Dios en todo aspecto ni que somos menos sinceros. Sin embargo, si Dios nos pide todo y no damos todo, sino gran parte, entonces estamos caminando por una cuerda fina. Cuando nos reunimos a adorarlo y cantamos "Entrego todo", estamos viviendo una mentira.

Dios no compartirá su gloria con nadie. Y si nos aferramos a algunos bienes, pero fingimos que damos, habremos manifestado la misma decepción que mató a Ananías y Safira (Hechos 5).

Ananías y a Safira vendieron un campo y fueron a entregar el dinero para la construcción del Reino. Ananías dejó el dinero a los pies de los apóstoles, y dijo que era todo lo que había obtenido de la venta. Pedro lo regañó por mentir con respecto a su regalo y por quedarse con una parte. Esta seria falta terminó con su muerte y es un ejemplo para nosotros. Su esposa, Safira, quien no era responsable por quedarse con parte del dinero, mintió y murió también.

Esto nos demuestra lo que pasa cuando nos quedamos con algo, pero fingimos haberlo dado todo. El espíritu de Ananías y Safira es el espíritu de este mundo, que anhela ser dueño de lo que no le pertenece.

UNA INVITACIÓN A LA GENEROSIDAD DRÁSTICA

Se nos ha enviado una invitación impresionante: a la liberación misma de la revelación sobre cómo dar. Parte de lo que constituirá la salvación para el mundo occidental, es que aquellos que tengan mucho que perder comenzarán a tomar riesgos y dar saltos de fe para donar y sembrar de forma extravagante en el corazón de Dios. Si no sabes a quién dar de forma drástica para complacer a Dios, puedes encontrar los dos blancos más grandes y discriminados en toda la Biblia: los pobres y el pueblo judío.

Podemos acelerar nuestro crecimiento espiritual dando a los pobres, quienes acompañan al corazón de Dios. Cuando damos a Israel, en cambio, no solo aceleramos nuestro crecimiento espiritual personal y bendiciones, sino que en realidad aceleramos la venida de Dios.

La única manera en que Israel como nación cumplirá con el propósito de su alianza, que ha sido profetizado claramente en todas las Sagradas Escrituras, es mediante la llegada de un corazón extravagante y generoso entre los cristianos. Dios unirá al pueblo de la alianza cristiana con su pueblo de la alianza judía, a quienes les ha hecho promesas muy claras. Luego, borrará completamente la pared divisoria y atraerá a ambos hacia su corazón. Si la Iglesia se une al cielo por los recursos distribuidos para cumplir con los propósitos del Pacto con Dios para Israel, aceleraremos la venida de Dios.

Un ejemplo de esto existe en Norteamérica. Uno de los motivos por los que los Estados Unidos cuenta con gracia tan inmensa para prosperar es que el presidente Harry S. Truman y una generación del pueblo estadounidense ayudaron a reinstaurar a Israel como nación en 1948, con la provisión de recursos y protección. Esto conmovió el corazón de Dios, quien concedió gran prosperidad e intensificó el propósito de los Estados Unidos como país entero.

Estoy seguro de que, si otras naciones respaldan a Israel con estos tipos de estrategias celestiales, serán marcadas para un rápido avance en lo espiritual que no afectará solo a la Iglesia, sino también a la cultura de la sociedad entera. Esto es vital para acceder a los propósitos de Dios del final de los tiempos.

Ya existe una invitación impresionante para aquellos que acepten esta unión y estén dispuestos estratégicamente en su llamado profético secular. Dios desea ofrecerles grandes recursos a las naciones que den extravagantemente y que ayuden a acelerar Su propósito: permitir la llegada de su era.

CAPÍTULO ONCE

LA PUERTA DEL FAVOR

"El que le suple semilla al que siembra también le suplirá pan para que coma, aumentará los cultivos y hará que ustedes produzcan una abundante cosecha de justicia. Ustedes serán enriquecidos en todo sentido para que en toda ocasión puedan ser generosos, y para que por medio de nosotros la generosidad de ustedes resulte en acciones de gracias a Dios".

—2 CORINTIOS 9:10-11 (NVI)

Una noche, en un sueño, vi una bestia con tentáculos emergiendo del océano. Era como un dragón, con muchos tentáculos saliendo de su torso. Al estudiarlo, me di cuenta de que estaba viendo el globo terráqueo, y que esta bestia era tan grande como un continente. Sus tentáculos alcanzaban y tocaban muchas ciudades capitales de todo el mundo, así como también a zonas comerciales claves.

Todo lugar que tocaban los tentáculos era invadido por la devastación y la oscuridad y, por ende, decaía esa sociedad a causa del aumento de inmoralidad e ilegalidad. Sin embargo, en todas las regiones, algunas ciudades brillaban radiantes como si estuvieran contenidas dentro de una burbuja o esfera protectora. El tentáculo pesado de la bestia no podía romper esta esfera, por mucho que lo intentara.

Estas "ciudades brillantes" parecían prosperar con más que solo riqueza; tenían felicidad, moralidad y una atmósfera paradisíaca a su alrededor. Las esferas estaban ubicadas en el centro de la actividad del dragón, que se concentraba en regiones muy habitadas de todo el mundo.

Todos los que pasaban junto a estas esferas de luz podían ver adentro. No había nada escondido, y las personas afuera de las esferas se desesperaban por imitar lo que veían en ellas. El único peligro para las personas que estaban dentro de las esferas era si vagaban fuera de estos lugares protegidos por curiosidad o para el pecado; porque al hacerlo morirían, y la intensidad de la esfera radiante se debilitaría.

Cuando desperté, entendí (sin claridad total) que esta bestia-dragón representaba al espíritu del Anticristo que ya estaba obrando en las naciones. La ubicación de los tentáculos mostraba dónde este espíritu ejercía dominio y las esferas luminosas representaban dónde los creyentes estaban listos para ser una luz más poderosa en medio de la gran oscuridad. Debido a que las "ciudades brillantes" tienen un llamado de una forma muy específica, si dejan sus esferas de autoridad, influencia o relación, no solo se harán daño a sí mismas, sino que destruirán lo que Dios ha construido.

EL ESPÍRITU DEL MUNDO

En los días que están por venir, cualquiera que escoja involucrarse en actividades comerciales o empresariales indudablemente se encontrará en guerra en contra del espíritu de este mundo: el espíritu del Anticristo. Este espíritu va a reclamar autoridad sobre todos los mercados y países, excepto donde Dios levante una contracultura.

Nuestro Padre celestial tiene mandatos específicos, que dará a las personas que Él ha escogido. La influencia del enemigo, sin importar lo que parezca, nunca será tan grande ni fuerte como Jesucristo. Estos elegidos entienden los propósitos de Dios y siguen un llamado superior para llegar a todo el mundo. Las generaciones futuras no tendrán que preguntar: "¿Cuál es tu llamado?", pues será algo sabido.

Para ser vencedores, y no solo meros sobrevivientes, en los días por venir, necesitaremos luchar contra el mal con una naturaleza violenta y despiadada. Incluso se deberán perseguir posiciones seculares solamente si se tiene en mente el llamado más superior.

CAPTURAR LA ATENCIÓN DEL CIELO

Cuando el Ministro de las Finanzas salió de la habitación la segunda vez y voló al cielo, desapareció al cruzar un portal. Vi un portal enorme situado en medio del cielo. La placa en la parte superior de la puerta decía: PUERTA DEL FAVOR.

También era la puerta a Isaías 62:

"Nunca más te llamarán Desamparada ni se
dirá más de tu tierra, Desolada Ciudad No
Desamparada¨

—ISAÍAS 62:4, 12 (RVA)

Sabía que era una puerta que al cruzarla causaría que el favor divino se liberara en el cielo y en la tierra. Aquellos que pasaran por esta puerta capturarían la atención del cielo. Luego, serían buscados y llenados de Su abundancia.

También sabía que, para atravesar esta puerta, debería buscar a Dios como Él desea ser encontrado. No se puede pagar con dinero para atravesarla. No se puede hallar una fórmula para pagar el ingreso. Solo una relación con el Divino trae favor del cielo y abre esta puerta.

En cierto modo, he entrado por esta puerta y he experimentado apenas una sombra del favor divino a nuestra disposición. Desde que entramos, debemos estar preparados individualmente o en conjunto para los cambios en las actitudes de las personas hacia nosotros. En nuestras interacciones en la Tierra, tendremos el favor del cielo, y tendremos el odio del infierno. Las personas ya no serán solo indiferentes hacia nosotros, porque llevaremos un aire celestial de tal envergadura que solo tendremos buenas o malas interacciones.

Básicamente, esto pasa porque nos convertimos en un objetivo celestial de la voluntad de Dios. Entonces el enemigo trata de armar fortalezas de personas en contra del propósito de Dios en tu vida. Satanás trata de usar las debilidades de otros en tu contra. La buena noticia es que el cielo también comienza a tocar la tierra, y las personas que no han sido salvadas responden al amor del cielo que acompaña este estado.

PARECERSE AL PADRE

Anteriormente en este libro, describí cómo las personas comienzan realmente a parecerse al Ministro de las Finanzas angelical cuando aceptan el llamado a convertirse en un ministro de los recursos de Dios en la tierra. Para ser más preciso, al estar de acuerdo con la voluntad del Padre, comenzamos a vernos como Él:

"Yo les he dado la gloria que me diste, para que sean uno, así como nosotros somos uno. Padre, quiero que los que me has dado estén conmigo donde yo estoy. Que vean mi gloria, la gloria que me has dado porque me amaste desde antes de la creación del mundo".

—JUAN 17:22,24 (NVI)

"Ahora vemos de manera indirecta y velada, como en un espejo; pero entonces veremos cara a cara. Ahora conozco de manera imperfecta, pero entonces conoceré tal y como soy conocido".

—1 CORINTIOS 13:12 (NVI)

"Así, todos nosotros, que con el rostro descubierto reflejamos como en un espejo la gloria del Señor, somos transformados a su semejanza con más y más gloria por la acción del Señor, que es el Espíritu".

—2 CORINTIOS 3:18 (NVI)

Siempre que el Espíritu Santo more en nosotros y demostremos obediencia a su dirección, llegamos a ser tan atrayentes para Jesús que provocaremos que su corazón esté hacia nosotros. Él se acercará, y su amor, justicia y poder nos transformarán.

UNIÉNDONOS CON DIOS

"Conozco tus obras. Mira que delante de ti he dejado abierta una puerta que nadie puede cerrar. Ya sé que tus fuerzas son pocas, pero has obedecido mi palabra y no has renegado de mi nombre".

—APOCALIPSIS 3:8 (NVI)

Mientras esta revelación de la economía del cielo se me revelaba, comencé a sentir un anhelo desesperado de unirme al plan del Padre para usar cada recurso, natural y sobrenatural, para entregarle a Jesús su recompensa plena.

Si realmente comprendemos qué le corresponde, podremos concebir una dimensión más grandiosa de la fe para llevar a cabo las obras del Reino.

CAPÍTULO DOCE

TODO PUEDE SUCEDER

"Y Jesús le dijo: Si puedes creer, al que cree todo es possible"
—MARCOS 9:23 (RVA)

Desde la publicación de esta revelación (en 2005), he recibido muchos comentarios positivos. Parece que los líderes empresariales y de las iglesias, ejecutivos de entretenimiento, políticos e incluso familias han recibido fondos creativos desde que la leyeron. Además, a pesar de vender más de 175 000 copias, no hubo ningún efecto negativo en nuestro ministerio, un fenómeno cristiano de seguro. Nunca imaginé escribir un libro sobre finanzas o recursos, y mucho menos que se convertiría en un éxito de ventas. Esto solo demuestra el poder que recibimos cuando aceptamos la administración de todos los recursos que pueden entregarle a Jesús su recompensa.

Después de mi aparición en Daystar, Sid Roth y TBN (y de hacer numerosas entrevistas de televisión, de radio y podcasts), he tenido el privilegio de oír sobre algunos de los progresos financieros y de recursos más grandes de la historia. La gran transferencia de riqueza en la que creíamos ya está ocurriendo, incluso si todavía no es claramente obvia a simple vista.

LA TRANSFORMACIÓN CUESTA RECURSOS REALES, DINERO, TIEMPO Y CONEXIÓN

Para poder entender la forma de construir de Dios, podemos mirar a la construcción del templo de Salomón. Los recursos más grandiosos conocidos para aquella generación se juntaron para construir la morada más hermosa en la que cualquier dios hubiera vivido jamás. No conozco ningún otro edificio histórico creado con los mejores recursos conocidos por el hombre, sin mencionar los mejores artesanos y equipamiento. Algunos historiadores creen que la Edad del Hierro empezó en Israel en ese momento también, lo que significa que sus herramientas eran de la calidad más alta disponible. Todo se hizo para un edificio que no duró, aunque Salomón profetizó que la presencia de Dios no se iría nunca, lo que es confuso hasta que lees lo siguiente: "¿Acaso no saben que su cuerpo es templo del Espíritu Santo, quien está en ustedes y al que han recibido de parte de Dios? Ustedes no son sus propios dueños" (1 Corintios 6:19). Desde esta perspectiva, podemos entender la forma en que edifica Dios.

Jesús se refirió a sí mismo como el templo de Dios (Juan 2:21), pero nadie entendió lo que dijo hasta después de su resurrección. Sí, al igual que Pablo, nosotros (también) somos un templo. Combina que somos un templo y el deseo de Dios de utilizar las mayores riquezas y recursos disponibles para construir Su templo a través de Salomón y tendrás una imagen profética de:

a. Lo que Jesús haría por el Padre para restaurar la conexión, y

b. Una imagen del final de los tiempos de lo que el Padre haría por nosotros para poder otorgarle a Jesús Su gran recompensa (por morir en la cruz por nosotros).

El Padre no escatimará en gastos para asegurarse que seamos maduros y hermosos para Su Hijo. Si no escatimó en gastos para la construcción del templo físico con recursos físicos, ¿qué hará por Sus hijos e hijas para su desarrollo espiritual? Los mayores recursos conocidos por el hombre serán derramados en una generación para provocar el avivamiento de todos los avivamientos.

LA BELLEZA DE CUANDO DIOS CONSTRUYE SU TEMPLO EN NOSOTROS

Cada recurso grandioso fue necesario para construir el templo: los cedros del Líbano, los mejores linos y paños de colores, las esculturas intrincadas talladas en madera de olivo, etc. (¿Puedes imaginar lo que se podría crear si reuniéramos a los mejores 70 000 artesanos para diseñar y construir juntos un edificio hoy en día? Nunca ha sucedido algo así). Pero pensemos un poco más en los artesanos de Israel. ¿Puedes imaginar ser uno de los dueños filisteos de los cedros del Líbano, que fueron talados en masa para este proyecto? ¿Puedes imaginar a los filisteos con los que David había estado en guerra, ahora en paz durante el reinado de Salomón y enviando sus recursos y mano de obra para construir el templo de Dios? La capacidad de Salomón de hacer ricos económicamente a todos los que lo rodeaban debe haber impresionado a los filisteos, quienes le hicieron esta venta tan descomunal al rey israelí. ¡Qué contraste con la generación anterior que vivió en guerra!

De igual manera, mientras Dios nos construye (Sus templos vivientes) todos somos bendecidos por el templo. Si Dios te construye y tú tienes Su sistema de valores y Él te bendice, esto afectará a toda tu esfera de influencia y comenzará a influir en tu cultura.

Cuando Bill Gates comenzó a tener éxito, decidió no mudarse a Silicon Valley (contrario a lo que hacía el resto de las empresas de tecnología) porque él quería ver a su propiedad bendecida y desarrollada. Presionó hasta lograr un cambio de impuestos que beneficiara a su empresa si se quedaba allí, y actualmente emplea a 40 000 personas y devenga cientos de millones de dólares en impuestos. Dios quiere hacer esto en todos lados; Él quiere convertirnos en grandes recursos que bendigan nuestras ciudades, estados, países y al mundo.

DIOS LIBERARÁ SU FAVOR E INFLUENCIA PARA RECONSTRUIR LA CULTURA

Tuve una visión hace varios años atrás con Job, en la cual lo vi clamando para que esta generación comprendiera que son necesarios ciertos requisitos para andar con el favor extraordinario del cielo. Los describió en Job 29, donde relata lo grandiosa que era su vida familiar y como todos en la ciudad querían oírlo. Las personas ni siquiera hablaban hasta que él lo hiciera, y otros hombres ricos y nobles esperaban hasta que hablara y entonces lo elogiaban por su sabiduría. Los huérfanos sentían como si tuvieran un padre porque él los amaba como si fueran suyos, y las viudas sentían como si tuvieran un marido. Era justo económicamente con todos sus empleados, quienes amaban trabajar para él. Ayudó a los lisiados y a los discapacitados.

Disfrutó tanto mucho de la amistad íntima de Dios y de sus beneficios que se sintió triste sin ella. De hecho, cuando el libro de Job estuvo terminado, fue incomprendido. El Señor regañó a Job, pero Él lo ama y le devolvió todo multiplicado, lo que haría felices a la mayoría de nosotros, pero no a Job. No estuvo satisfecho hasta que Dios multiplicó también Su intimidad con él.

Siempre hay principios que impulsan la obtención del favor. Incluso Job describió el tipo de vida que atrajo las gracias de Dios (en Job 31). Nos dice que para obtener Su favor estaba extremadamente conectado a Dios. No miró con deseo a ninguna mujer y solo amó a su esposa. Vivió una vida honesta. Vivió una vida de justicia. Fue un buen padre, fue justo con sus empleados, amó a los huérfanos y a las viudas, y fue amable con los extranjeros y los extraños. No depositó su fe en oro ni en riquezas, sino en Dios. Ni siquiera adoró las cosas que hicieron que su vida fuera buena. Nunca se regodeó en las desgracias de los demás. No se escondió con vergüenza, sino que vivió con vulnerabilidad.

Este es un ejemplo de un hombre cuyos valores capturaron la atención del cielo. Somos llamados a vivir una vida que haga que la luz brillante de Dios resplandezca sobre nosotros. Al hacerlo, Dios liberará el favor del cielo, la clase de favor que puede resolver problemas críticos en el mundo.

LAS PLEGARIAS DEL MUNDO NO SON SIEMPRE LAS PLEGARIAS DE LA IGLESIA

> *"Los cristianos tratan constantemente de responder preguntas que nadie se hace. Es hora de que respondamos las preguntas que el mundo entero se está haciendo".*
>
> —Bill Johnson

En la película *Bruce Almighty* hay una escena en la que Dios deja que Bruce sea dios de la región, y él tiene que responder a las oraciones de las personas. Aparece una lista larga en su computadora y le lleva toda la noche revisarla. Cuando comienza a leer los pedidos de las personas, son cosas como: quiero un lugar seguro para vivir; mi papá se fue, puedes ayudarlo a regresar a casa; mi mamá es adicta a las drogas; mi abuela está enferma; tenemos que ayudar a las personas sin hogar; no hay suficientes empleos, etc. En conclusión, Bruce se siente tan abrumado con los pedidos que les dice que sí a todos. Su sí universal causa caos y se da cuenta de que no es tan sencillo ser Dios.

Nuestra ciudad tiene una lista de plegarias y, al igual que Bruce, muchas de las cosas que pedimos en la iglesia no coinciden con las que aparecen en aquella lista. Si tú, como líder espiritual, te reunieras con los líderes de tu ciudad y les preguntaras en qué puedes ayudar, ¿podrías anticipar sus respuestas? ¿Crees que ya estás llenando esos espacios vacíos? ¿O crees que ni siquiera estás pensando lo mismo que ellos?

Si Dios escucha todas las plegarias de nuestra región, ¿sabemos cuáles son las plegarias más frecuentes de las personas? ¿Estamos tratando de responder esas preguntas o somos egocéntricos y nos enfocamos en nosotros o nuestra empresa nada más? Dios quiere derramar gracia y ayuda para el mundo a través de Su pueblo. Cuando comencemos a enfocarnos en las preguntas que se hace la sociedad, habrá un gran cambio si oramos con la autoridad que el amor nos confiere.

SU REINO OBRA EN TODAS PARTES

En 2005, pudimos repartir el primer lote de cinco mil de estos libros impresos en muchas bibliotecas de las prisiones de los Estados Unidos. Hubo un error de impresión en el título que no afectaba al mensaje del libro, pero la editorial y yo queríamos que estuviera perfecto. No quisimos reciclar los libros, y se los enviamos a los prisioneros. Fue sorprendente que mi primera tanda de comentarios viniera de hombres y mujeres encarcelados (y fueron cientos) que se sintieron empoderados para creer en negocios que debían comenzar, empleos que debían conseguir y recursos que debían administrar.

Un hombre afroamericano de Detroit, quien saldría en libertad, el mismo año en que se publicó el libro, no tenía una visión para su vida. En realidad, quería quedarse en la prisión porque ahí lo habían salvado y disciplinado a través de un programa, y ya no se sentía seguro afuera. Pero leyó mi libro y tuvo una visión en donde abría un taller mecánico. Abrió su negocio a pesar de que la economía estaba inestable, y rápidamente pudo contratar a otros exprisioneros en quienes confiaba. Cuando me escribió la carta, ya tenía el negocio y una casa, y había ayudado a su gerente y a su asistente de gerente a comprarse sus propias casas. Estos ayudaron a su pastor a mudarse a un edificio más grande, y la congregación se duplicó gracias a su dedicación. Él sabía que se necesitaban recursos para abastecer el Reino, y sentía tanta gratitud por tener una segunda oportunidad, no solo en la vida, ¡sino con su destino!

Un hombre de Kenia, llamado Isaiah vino a visitarme durante una expedición en Nairobi algunos años después de la publicación y me contó su historia. Él era del campo y su aldea era muy pobre, sin economía ni esperanza de tenerla. Consiguió mi libro gracias a un misionero que los visitaba, lo leyó con su hijo y su esposa, y supo que Dios quería darles los recursos para que pudieran administrar todo aquello que Jesús necesitaba para conseguir Su recompensa. Oraron y él tuvo una visión con tarjetas SIM. Su interpretación fue que debía comprar y revender tarjetas SIM (aunque él no tenía ni teléfono celular). Vendieron su única posesión valiosa, el ganado, y compraron un pequeño suministro de tarjetas SIM, que él vendía en las calles de una aldea cercana más grande. Las tarjetas se agotaron en un día, así que compró más. Pasado un mes, ya tenía un puesto en una sección peatonal concurrida. Tuvo que contratar a su hijo, a su vecino, y luego a catorce hombres del lugar. Muy pronto, vendía tantas que contrató a todos los que podían trabajar en la aldea. Incluso fue a dos aldeas cercanas azotadas por la pobreza y colocó puestos en más lugares usando a los hombres de las aldeas como empleados. Tres aldeas fueron transformadas y en el trascurso de un año, las tres tenían un pozo de agua y electricidad. Todos pudieron reparar los daños de sus campos y comenzaron a cultivar de nuevo. No hubo más hambre ni más alcoholismo.

Me mostró su teléfono que tenía una tarjeta SIM de su propia marca.

—No tenía suficiente dinero para comer, ¡y ahora soy el hombre más rico de mi región! ¡Gracias por darme la revelación! ¡Ha transformado toda mi región!

¡Su historia me conmovió el alma!

En otra ocasión estaba en Vancouver, Canadá, y conocí a un muchacho. Vi un ángel de las finanzas de pie junto a él mientras ejercía mi ministerio, pero no sabía cómo explicar lo que vi. Le predije algo y él no me creyó.

—Tendrás un mentor multimillonario que te guiará para que tú seas uno, y luego serás buscado por multimillonarios que vertenán sus corazones y sus conocimientos en ti —le dije parafraseando el mensaje.

Unos meses después él estaba en la iglesia y conoció a un hombre asiático que importaba y exportaba, que era aquel multimillonario, pero el muchacho no tenía idea. Salieron a comer y mientras mi amigo le relataba su historia de vida y sus deseos, el hombre le dijo:

—En ti, me veo a mí mismo. Tengo que enseñarte cómo tener una empresa de mil millones de dólares como la mía.

Mi amigo quedó impactado porque no tenía idea que estaba comiendo con uno de los hombres más ricos de Canadá, y mucho menos que lo invitaría a ser su discípulo. El mensaje original fue de Dios; Él le dará los recursos porque ayudará a cambiar el mundo y a financiar el avivamiento.

TODO ES POSIBLE PARA AQUELLOS QUE CREEN

Dios desea darte revelaciones concretas sobre tu vida y la administración. Él te ha creado para que prosperes en Él y en esta tierra, para que seas un gran recurso mediante tu vida de formas tangibles. Si oras y le preguntas a Dios el propósito de tu vida, Él te dará la estrategia para que llegues allí. Somos las únicas personas que no tratamos de ganar dinero para ganar dinero; lo que intentamos es acumular para realizar el deseo de Dios en la tierra, y Él no escatimará en gastos para obrar a través de ti y establecer Su morada en Su pueblo sobre la tierra.

DEL AUTOR

Shawn Bolz es autor de *The Throne Room Company, Keys to Heaven's Economy: An Angelic Visitation from the Minister of Finance* y *The Nonreligious Guide to Dating and Being Single* también es orador internacional, pastor y profeta.

Shawn inició su carrera de ministro en 1993, y en la actualidad es reconocido por su poderoso don profético y su perspectiva renovadora de la Biblia. Shawn fue ministro, fue mentor, enseñó y predijo en Metro Christian Fellowship junto a Mike Bickle en la década de 1990. A principios de 2000, se unió a la Casa Internacional de la Oración en la ciudad de Kansas. Después de salir de la ciudad de Kansas en 2005, fundó y todavía es pastor de Expression58 en Los Ángeles. Esta es una iglesia dedicada a misiones y a la formación y el equipamiento de cristianos. También promueve las artes creativas y amar a las personas en la industria del entretenimiento y a los pobres.

Shawn es miembro del consejo y representante de The Justice Group con sede en Los Ángeles, California, con quienes ha trabajado en temas de justicia social y misiones alrededor del mundo. Él y su esposa también son los fundadores de Bolz Ministries (cuyo objetivo es inspirar y potenciar el amor de Dios en todo el mundo) y de iCreate Productions (cuyo objetivo es producir medios de comunicación extraordinarios que motiven y transformen la cultura).

Actualmente, Shawn vive en Los Ángeles, California, con su esposa y compañera del ministerio y sus dos hermosas hijas.

Gracias por leer este libro. Te dedico Efesios 1:17 y oro por ti. Que los ojos de tu corazón se abran para que veas a Jesús a través de la sabiduría y la revelación del Espíritu de Dios. Todo el mundo necesita que lo veas, Dios está esperándote para mostrártelo y el cielo está esperando para ser tu recurso.

INTERPRETANDO A DIOS

ESCUCHANDO LA VOZ DE DIOS PARA TI MISMO Y PARA EL MUNDO QUE TE RODEA

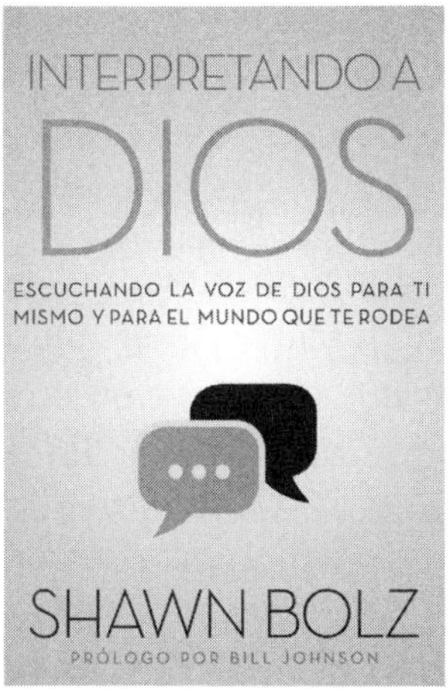
INTERPRETANDO A
DIOS
ESCUCHANDO LA VOZ DE DIOS PARA TI MISMO Y PARA EL MUNDO QUE TE RODEA
SHAWN BOLZ
PRÓLOGO POR BILL JOHNSON

Mediante una filosofía de pensamiento provocativo del ministerio profético y los éxitos gloriosos y fracasos reales de Shawn, tú vas a ser inspirado y equipado para: aprender a cómo escucharle a Dios para ti mismo y para los demás, crecer mediante simples pasos enfocados, tomar grandes riesgos, rendir cuentas, amar bien a la gente, crecer en intimidad con el Señor.

Conocido como una voz profética internacional quien ha ministrado a miles–desde la realeza hasta aquellos que están en las calles–Shawn Bolz comparte todo lo que él ha aprendido acerca de la profecía en una forma que es totalmente única y refrescante. El objetivo de Shawn es llegar a una meta más alta de amar a la gente a nivel relacional, no solo buscando el don o la información, y él te activa a hacer lo mismo.

Empieza a remodelar el mundo alrededor de ti y del amor de Dios hoy.

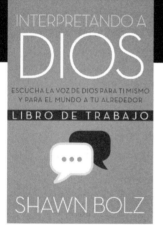

INTERPRETANDO A DIOS

DIOS ESTÁ HABLANDO TOOS LOS DIAS Y TU PUEDE SER SU PORTAVOZ

CURSO DE ESTUDIO

A veces averiguar cómo hacerlo puede ser abrumador, pero el ministerio profético puede convertirse en una parte completamente natural y llena de amor en tu vida.

Tienes la oportunidad de ayudar a revelar la naturaleza de Dios y mostrar su corazón de amor a través del don profético. Escuchar y compartir su voz es una de las partes más dinámicas y excitantes del cristianismo, y es realmente uno de los dones más fáciles de conseguir.

En este curso de estudio de Interpretando a Dios, Shawn te da las herramientas prácticas que necesitas para desarrollar más tus fortalezas y estilo profético único. También comparte sus ideas, historias personales y perspectivas de la enseñanza profunda que le ayudarán a:

- Escuchar a Dios claramente.
- Aplicar la revelación llena del amor de Dios a tus relaciones y vida cotidiana.
- Aumentar la profundidad y la eficacia de tu don profético.

Interpretando a Dios cambiará tu perspectiva de lo profético y te dará profundidad a tu revelación y voz profética. Shawn tiene como propósito alcanzar la meta suprema de amar a las personas a través de la relación, y no solo perseguir el don o la información. El te ayuda a activarte a través de ejercicios dinámicos que te ayudarán a practicar lo mismo.

¡Excelente para estudio solo o en grupo!

Este set incluye:

- 9 sesiones de video en 3 DVDs (35-55 minutos cada uno)
- Interpretando a Dios: Libro impreso
- Interpretando a Dios: Libro de trabajo
- Cartel: para promocionar grupos de estudio

LOS SECRETOS DE DIOS

una vida llena de palabras de conocimiento

LOS SECRETOS DE
DIOS
una vida llena de
palabras de conocimiento
SHAWN BOLZ
PRÓLOGO POR GRAHAM COOKE

¡TU PUEDES CONOCER LOS SECRETOS DE DIOS Y USAR ESE CONOCIMIENTO PARA TRANSFORMAR EL MUNDO A TU ALREDEDOR!

Shawn Bolz comparte sus historias, pensamientos y entendimiento bíblico para darte las claves para acceder a los secretos de Dios.

Las personas están pagando millones de dólares por información y conocimiento sobre temas relacionados a negocios, economía y política. Dios tiene las respuestas, e hizo que sus secretos se puedan descubrir por cada creyente que busca una relación cercana con Él. En *Los Secretos de Dios*, aprenderás a como:

- Obtener acceso al profundo conocimiento y sabiduría de Dios.
- Compartir la mentalidad de Dios.
- Inspirar y empoderar a otros con los pensamientos y sueños de Dios.
- Usar palabras de conocimiento en situaciones de la vida cotidiana.
- Conectar Su amor hacia toda Su creación, la cuál te incluye a ti.

Los secretos de Dios son compartidos a través de palabras de conocimiento, uno de Sus dones de relevación más incomprendidos. Viaja con Shawn mientras él expone este don de manera relacionable y gana una nueva perspectiva con la dirección de Dios para tu negocio, tu hogar y tu manera de ver el mundo.

DIOS QUIERE QUE DESCUBRAS SUS SECRETOS. ELLOS TE CAMBIARÁN Y CAMBIARÁN AL MUNDO A TU ALREDEDOR.

www.BolzMinistries.com

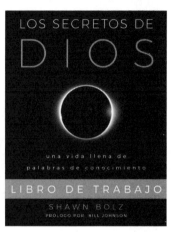

CRECIENDO CON DIOS

Libro de la Historia

¡ÚNETE A LUCAS, MARÍA Y SUS AMIGOS EN SUS AVENTURAS DIARIAS CON LA AMISTAD DE DIOS!

Lucas sabe que Dios le habla, pero nunca se hubiese imaginado que iba a escuchar algo específico sobre su año… y ¿Pudo María realmente escucharle a Dios hablarle sobre su destino? Los dos se preguntan si realmente Dios habla a los niños de esta forma. En los meses siguientes, Dios empieza a conectarlos con toros niños que terminan siendo sus amigos. ¿Quién hubiese adivinado que para el final del año, sus vidas iban a ser tan emocionantes?

El galardonado ilustrador Lamont Hunt illustra el vibrante y lleno camino de los niños con Dios para que puedas relacionarte con la historia. Por el autor de libros de éxito Shawn Bolz.

Libro de Ejercicios

Un complemento de Creciendo con Dios, el libro de capítulos para niños, este libro de trabajo animará a sus hijos a practicar como escuchar la voz de Dios.

Este libro no sólo enseña a los niños cómo escuchar a Dios, sino que también les da las herramientas que necesitan para apoyar y creer en sí mismos y unos a otros. En cada sección referente a Creciendo con Dios, sus hijos van a encontrar:

- Un recordatorio de lo que pasó en el capítulo.
- Una historia real de un niño de su edad sobre cómo él o ella encontró a Dios.
- Tres cosas importantes que deben saber sobre escuchar la voz de Dios.
- Versos de la Biblia para respaldar los aprendizajes.
- Preguntas para que ellos piensen y las respuestas.
- Una oración.
- Ilustraciones del libro para mantener el contenido centrado y entretenido.

Esta generación de niños va a la ser la más poderosa y profética que se haya visto, y ese libro de ejercicios es un diario y una guía que les ayudará a cumplir ese destino.

GrowingUpWithGod.com